내 감정이
우선입니다

내 감정이
우선입니다

삶을 바꾸는 사소하지만 강력한 습관
My feelings come first

다마모토 쥰이치 지음 | 민혜진 옮김

📖 동양북스

"여러분, 손을 한번 쥐었다가 펴보세요.
여러분이 통제할 수 있는 건 딱 거기까지입니다.
인생은 그런 것이니 뜻대로 안 된다고 고민하지 마세요."

_ 본문 중에서

행복한 감정을
1000억에 파시겠습니까?

정말 고생 끝에 낙이 올까?

우선 여러분에게 질문 하나 할게요.

"당신의 행복한 감정을 1000억에 파시겠습니까?"

파는 즉시 여러분은 1000억을 가질 수 있지만 앞으로 영원히 즐겁고 기쁘고 설레는 행복한 감정을 느낄 수 없습니다. 그리고 매일매일 분노, 실망, 욕구 불만 등 고통스러운 감정만 느끼며 살아가야 하죠. 1000억으로 무언가를 사도 행복한 감정은 1g도 생기지 않습니다. 한번 그런 세계를 상상해보세요. 이제 다시 질문할게요.

"당신의 행복한 감정을 1000억에 팔지 않겠습니까?"

어떤가요? 행복한 감정을 팔 건가요? 갑자기 현실과 동떨어진 질문을 해서 놀랐다면 죄송합니다. 제가 연구나 세미나를 시작할 때나 클라이언트와 세션을 진행할 때 자주 하는 질문입니다. 제 의도가 잘 전달되지 않아 "팔겠습니다!" 하고 손을 드는 분이 아주 가끔 있습니다. 하지만 대부분은 행복한 감정을 팔지 않는다고 답합니다. 심지어 어떤 분들은 노골적으로 언짢은 표정을 지으며 고개를 절레절레 흔들더군요. 행복한 감정은 분명 1000억 이상의 가치가 있는 것이겠죠.

그런데 왜 사람들은 어떤 목표를 달성할 때 행복한 감정의 가치를 머릿속에 떠올리지 못할까요?

'고생 끝에 낙이 온다잖아.'

'성공하려면 어쩔 수 없이 희생하고 참아야만 해.'

'바쁘게 노력해야 목표를 달성할 수 있어.'

'목표를 이루려면 스스로를 끝까지 몰아붙여야 해.'

사람들은 왜 1000억을 준다고 해도 팔지 않던 행복한 감정을 신경도 안 쓰면서 살까요? 왜 그저 고생 끝에 낙이 온다는 말만 믿으면서 하루하루 인내하면서 사는 걸까요? 대부분 사람들이 입 밖으로 꺼내지는 않지만 다들 이렇게 사는 것 같습니다. 이건 저 혼자만의 착각일까요?

의외로 많은 사람들이 이런 착각을 합니다만 단언컨대 고생 끝에 낙이 온다는 말은 진실이 아닙니다. 이는 고통스러운 감정을 성공과 연결 지으려고 하는 말일 뿐입니다.

목표를 달성하고 싶다면 우선 내 기분이 좋아야 한다

이번에는 다른 질문을 해볼게요.

"뛰어난 성과를 내지만 하루하루가 고통스러운 상태, 적당한 성과밖에 못 내지만 하루하루가 편안하고 즐거운 상태. 과연 세상에는 이 두 가지 선택지밖에 없을까요?"

아뇨, 결코 그렇지 않습니다. 하나를 얻으려면 반드시 다른 하나를 희생해야 한다는 트레이드오프 사고방식 또한 사람들이 자주 하는 착각 중 하나입니다. 여기서 제 경험을 바탕으로 말씀드리자면, 중요한 것은 '목표를 달성하고 싶다면 우선 내 기분이 좋아야 한다'는 것입니다. 저는 기분 즉, 감정이 건강 상태에 영향을 준다고 생각합니다. 그리고 그것이 바로 목표 달성을 하느냐 마느냐를 결정하는 키죠.

고생 끝에 낙이 온다고 생각했던 학창 시절

앞에서 고생 끝에 낙이 온다는 생각은 사람들의 흔한 착각이라고 말했습니다. 고백하자면 저도 한때는 그 말을 믿으며 고통스럽게 목표 달성을 추구했습니다. 한마디로 '목표 달성의 화신'이었죠.

여기서 살짝 제 경험을 이야기해볼게요.

저는 아메리칸 풋볼로도 유명한 간세이가쿠인대학에 다녔습니다. 저는 이때 아메리칸 풋볼 팀 소속이었습니다. 그때 운 좋게 주전 선수로 시합에 나갔고 두 번이나 우승하는 데 공헌했습니다. 팀 멤버들과 승리의 기쁨을 맛보았죠. 하나의 목표를 향해 모두가 한마음으로 똘똘 뭉쳤습니다. 목표를 달성했을 때의 쾌감은 잊을 수가 없더군요. 왜냐하면 쾌감은 중독성이 강하거든요. 지금 제가 이그제큐티브 코치로서 일하는 이유는 아마도 그때의 감정을 다시 맛보기 위해서일지도 모르겠습니다.

아메리칸 풋볼 팀은 우승하겠다는 목표 의식으로 항상 열심히 운동했던 조직이었습니다. 그 당시 목표 달성을 위해 멤버 모두가 노력했던 모습은 지금도 제 삶의 버팀목이 되어주고 있습니다. 많은 것을 배울 수 있었던 소중한 경험이었죠.

한편 그때 이상하리만치 스스로를 몰아붙이는 성격 탓에 너무나 괴로웠던 기억도 많습니다. 그래서일까요? 그 당시 사진을 보면 지금보다 얼굴이 더 늙어 보입니다.

'우승을 목표로 내건 이상 다른 건 의미가 없어. 우승을 놓치면 나에겐 아무것도 남지 않아.'

그때는 이런 신념으로 저와 주위 사람들을 몰아붙이며 우승이라는 목표를 향해 무섭게 돌진했습니다. 아침에는 근육

단련 운동으로 하루를 시작했고, 밤에는 다른 팀을 분석하느라 늦게까지 비디오를 봤습니다. 대부분의 시간은 풋볼을 하는 데 썼죠. 육체적인 피로는 물론이고 정신적인 압박감도 엄청 심했습니다. 실제로 스트레스 때문에 4학년 마지막 학기 동안은 밥이 목에 넘어가지 않았고 살도 엄청나게 빠졌습니다. 시즌 초반 102kg이었던 체중이 후반에는 88kg으로까지 떨어지더군요. 마지막 시합이었던 리그 볼(인던 이메리컨 풋볼 신수권 대회로 학생 챔피언과 사회인 챔피언이 대결한다 - 옮긴이)에서는 120kg이 넘는 사회인 선수에게 무참히 패배했습니다.

우리 팀은 아주 열심히 노력했습니다. 다만 저의 멘탈이 문제였습니다.

'이만큼 힘들게 고생했는데 이기지 못하면 어떡하지.'
'패배하면 모든 노력이 물거품이 되고 말 거야.'

저는 진심으로 이렇게 생각했습니다. 진다는 생각만 해도 온몸에 소름이 끼쳤습니다. 4학년 시즌을 치르면서 몸과 마음은 지칠 대로 지쳐버렸죠. 그래서 졸업과 동시에 그동안 열정을 쏟았던 아메리칸 풋볼을 미련 없이 그만두었습니다.

지금 생각해보면 참 안타깝습니다. 그렇게까지 스스로를 몰아붙이지 않아도 최대한 실력을 발휘할 수 있었을 텐데 그때의 저는 그런 생각조차 못 했거든요.

참는 자에게 복이 온다고 믿었던 대학 시절

저는 취직 준비를 할 때도 같은 실수를 반복합니다. 즉, 목표를 세운 다음 성취감을 느끼기 위해 쓸데없이 스스로를 몰아붙였던 거죠.

> '우리 팀을 졸업한 선배님들이 많잖아. 그분들에게 도움을 받을 수도 있겠지. 하지만 나는 연줄에 기대지 않고 내 힘으로 취직할 거야!'

자신의 힘을 시험해보기 위해 굳이 인맥을 버릴 필요도 이유도 없습니다. 당시 저는 스스로를 벼랑 끝으로 내몰며 자아도취와 자기만족에 빠진 남자였던 것 같습니다. 다행히 미놀타(현 코니카 미놀타)에 입사했지만 그때도 저는 같은 실수를 합니다. 이번에는 이랬습니다.

'참는 자에게 복이 온다고 했어! 참다 보면 결국엔 잘될 거야!'

당시 회사에 300명 정도가 근무했는데, 저는 매일 아침 누구보다 먼저 출근했습니다. 그리고 막차 시간이 다가오기 직전까지 일했죠. 물론 주위 사람들에게 좋게 평가받고 싶다는 마음이 제일 컸습니다. 하지만 그렇게까지 열심히 한 이유는 그것 때문만은 아니었습니다. 그동안 사신을 채찍질하고 스스로를 몰아붙이면서 성과를 냈던 터라 이제는 그런 습관을 멈출 수 없었던 겁니다. 성공하려면 그렇게 해야만 한다고 믿었으니까요.

그러다 인내심이 한계에 이르렀고 저는 우울증에 빠지기 일보 직전이 되었습니다. 여기에 말하기 싫지만 동료에게 딱 한 번 '죽고 싶다'고 말한 적도 있을 정도였죠. 그는 "너무 애쓰지 말고 느긋하게 하세요"라고 말해줬지만 저는 그러지 못했습니다. 그 당시 제 인생에서는 목표 달성이 가장 중요했기 때문이에요. 목표를 달성하지 못하는 저 자신을 결코 용서할 수 없었거든요.

모두에게 왕따를 당하다

이렇게 자신을 채찍질하며 일하던 제가 어떻게 변할 수 있었을까요? 살다 보면 누구나 삶의 전환기를 맞이하기 마련입니다. 제 경우에는 스물일곱 살 때 독일과 벨기에의 코니카 미놀타 자회사에서 9년 동안 주재원으로 일했을 때가 그랬습니다. 독일에서 근무하던 초기, 제 머릿속에는 이런 생각이 가득했습니다.

> '성과를 내려면 죽을힘을 다해 일해야 해. 게다가 높은 연봉을 받는 관리자들이라면 더욱더 열심히 해야지.'

그러던 중 저는 독일 사람들이 일하는 방식을 보면서 엄청난 충격을 받았습니다.

그들은 복도에서 잡담만 했고 협업을 요청하면 해보지도 않고 대뜸 안 된다고 답했습니다. 또 미룰 수 있는 일은 다음 날 처리하는 것이 관례였습니다. 심지어 금요일 오후 3시가 되면 모두가 퇴근한 이후라 사무실은 텅 비어 있었습니다. 특히 여름휴가가 있는 7월과 8월은 직원들이 돌아가며 2주 이상 자리를 비웠기 때문에 회사 전체가 휴업에 들어간 것만 같았습니다. 그래서 남은 직원들은 요청이 들어와도 '담당자가 돌아올 때까지 기다릴 수밖에 없다'는 말만 되풀이할 뿐이었습니다. 그러니 일이 제대로 진행될 수가 없었죠. 여기서 더 놀라운 것은 거래처조차 우리 회사 직원들의 여름휴가를 배려해 최대한 업무 요청을 자제하는 분위기였다는 겁니다. 일본 본사는 그런 독일 지회사의 업무 방식을 받아들이지 않습니다. 저는 완전히 중간에 끼여 이러지도 저러지도 못했습니다. 독일에 부임해서 1년 동안은 그런 가치관 차이 때문에 늘 짜증이 났습니다.

조금 과장해서 말하자면 우울의 구렁텅이에 빠진 것만 같았던 적도 있었습니다. 독일 경영진에게 1년 가까이 따돌림을 당했거든요. 당시 저는 아무것도 모르는 풋내기 주제에 거만한 태도로 그들을 대했습니다. 경영의 본질도 모르는 데다 독일어도 못하던 저는 매주 회의에 참석해서 그냥 앉아 있기만 했죠. 한번은 회의가 끝나자마자 독일인 사장이 제 앞에서 제안서를 북북 찢었던 적도 있습니다. 만화에서나 볼 법한 처참한 일을 직접 겪었죠.

모두에게 왕따를 당하다 보니 월요일 오후마다 열린 주간

회의에 참석하는 게 너무나 무서웠습니다. 주말에는 왠지 우울해졌고 회의를 미룰 만한 건수가 없을까만을 생각했습니다.

'인생을 즐기자'는 가치관을 진심으로 받아들이다

그런 상황에서도 목표 달성의 화신이었던 저는 독일인을 '일은 뒷전인 근성 없는 사람들'이라고 얕봤습니다. 부임 후 1년 동안 제 머릿속에서는 매일매일 전쟁이 벌어졌습니다. 고통스러운 목표 달성 지상주의와 인생을 즐기자는 독일 사람들의 가치관이 격하게 충돌하고 있었죠.

> '여기서 업무를 제대로 수행하지 못하면 커리어에 흠이 생겨. 그러면 내 인생은 끝장날 거야. 그런 일은 절대 용납할 수 없지.'

오기가 생겨 저는 계속해서 스스로를 몰아붙였습니다. 돌이켜보면 그때도 우울증에 빠지기 일보 직전이었던 것 같습니다.

그나마 다행이었던 것은 '로마에 가면 로마법을 따라야 한다잖아, 내가 변하지 않으면 안 돼!'라고 뒤늦게 깨달은 것이었습니다. 그때부터 동료들에게 먼저 사람으로서 인정받아야겠다 마음먹고 꾸준히 신뢰를 쌓아갔습니다. 접수처 직원부터 사장까지 1300명 가까이 되는 직원들에게 다가가 그들의 가치관에 맞춰 말하고 행동했습니다.

그 와중에 크리스마스 파티가 열렸습니다. 독일에서 일한지 1년 하고도 몇 개월이 지난 어느 춥고 눈 내리는 날이었습니다. 사장들은 즐겁게 식사를 하거나 파티장 한가운데서 춤을 추면서 각자 나름대로 즐거운 시간을 보냈습니다. 파티가 한창 무르익었을 때 한 독일인 사장이 맥주를 마시면서 저에게 이렇게 말했습니다.

"당신처럼 개방적인 일본인은 처음이에요. 관리자들도 사원들도 모두 당신을 좋아하고 인정하는 거 아시죠? 앞으로의 활약도 기대할게요."

살짝 취기가 오르기도 해서 화장실에 간다는 평계를 대고 파티장을 빠져나왔습니다. 그리고 한걸음에 화장실로 뛰어들어가 대성통곡했습니다. 그때 느낀 뜨거운 감정을 지금도 생생히 기억합니다. 관리자들이 저를 진심으로 인정해주자 저 또한 그들의 가치관을 진심으로 받아들일 수 있었습니다. 앞을 가로막고 있던 무언가가 사라지고 시야가 탁 트이는 것 같았죠.

그때 찬찬히 독일 사람들이 일하는 방식을 보면서 깨달은 바가 있습니다. 그것은 바로 그 무엇보다 자기 인생을 즐기는 게 먼저고 일은 그다음으로 여기는 방식이었습니다. 그들은 인생을 즐기면서도 시장 점유율 1위라는 뛰어난 실적을 냈습니다. 정말 놀랍지 않습니까?

내 기분은 내가 정한다

당시 일본인 선배 한 명이 저와 함께 독일 자회사에서 일했습니다. 일도 잘하고 아주 바쁘게 하루를 보내는 사람이었죠. 그 선배는 함께 프로젝트를 하자고 여기저기서 찾을 만큼 잘 나갔기 때문에 자주 복도를 뛰어다녔습니다. 저에게 그 선배는 아주 헌신적인 노력가로 '일 잘하는 멋진 사람'이었습니다. 그런데 어느 날 같은 방을 쓰는 독일인 동료가 진지한 얼굴로 저에게 이런 질문을 하더군요.

독일인 동료 : "그런데 저 사람은 왜 항상 바쁘게 뛰어다니는 거야?"

나 : "일이 바빠서 그런 거 아닐까? 갑자기 왜 그런 걸 묻고
그래……(아, 저렇게 생각하는구나!)."

저는 동료의 섬세한 질문 덕분에 마침내 깨달았습니다. 그
들이 가장 중요시하는 건 '기분'이라는 걸요. 일본에서는 바
쁘게 헌신적으로 일하는 자세가 미덕이지만 독일에서는 그
렇지 않습니다. 오히려 그들은 헌신적인 사람을 '자신의 기분
이나 감정 상태를 잘 컨트롤하지 못하는 사람'이라 생각할 뿐
입니다.

'독일 사람들은 기분을 좋게 유지하려고 여러 가지를 생각하는구나.'
'자신의 기분이 중요하니까 다른 사람의 기분도 중요하게 생각하는
구나. 그래서 내 기분이 어떠냐고 자주 물었구나.'
'일본 사람들은 자신의 감정은 뒤로 미뤄두고 생각하니까 다들 시무
룩하구나.'

그 사건 이후 지금까지 보이지 않았던 것들이 한눈에 들어오더군요. 돌이켜보면 독일 사람들은 업무의 생산성을 높이고 성과를 내기 위해 인간관계를 불편하게 만들지 않았습니다. 인간적인 관계와 업무적인 관계가 절묘하게 균형을 이루고 있었습니다. 상사와 부하의 관계도 일본과 많이 달랐습니다. 그들은 상사와 부하 사이에서도 일상적인 잡담을 자주 했습니다. 상사는 부하의 사생활을 파악하고 있더군요. 인사 평가 규칙과 운용은 엄격하게 하되 상사는 '업무적으로도 개인적으로도 부하의 감정 상태'에 신경을 많이 쓰고 있었습니다. 그러다 보니 직원들의 기분은 좋아 보였습니다. 복도에서 마주칠 때도 대부분의 직원들이 항상 웃는 얼굴로 인사했습니다. 제가 외국인이라서 배려하는 게 아니었습니다.

'내 기분은 내가 정한다.'

이것은 제가 독일에서 배운 큰 교훈입니다. 그들은 '자신의 기분을 남의 탓으로 돌리지 않는 독립적인 사고방식'을 가지고 있었습니다. 한편 일본은 좋든 나쁘든 간에 조직에 협조하는 걸 중요시하는 문화입니다. 자신의 감정을 억누르고 조직이나 팀 분위기에 따르는 경우가 많죠. 그래서 '내 기분은 내가 정할 수 없다', '내 감정은 주위 사람들에게 달려 있다'는 편견이 사회에 만연한 것 같습니다.

기분이 좋으면 사람, 일, 돈, 정보, 운은 저절로 따라온다

깨달음을 얻고 나서 저는 그 무엇보다 제 기분을 최우선하기로 마음먹었습니다. 그러자 제 커리어는 더욱더 탄탄해졌습니다. 그 덕분에 저는 코니카 미놀타에서 많은 기회를 얻을 수 있었습니다. 마지막 연도에는 회사 전체 매출 10억 중 30퍼센트를 관할하는 막중한 업무를 맡기도 했습니다.

　저한테는 이렇다 할 만한 특기가 없었습니다. 정말입니다. 그렇다면 뭐가 있었을까요? 제 주위에는 사람이 있었습니다. 상사와 동료들은 저와 함께 일하고 싶어 했습니다. 나중에 들었는데 제가 있으면 분위기가 차분하고 밝아진다더군요. 아마도 제 기분이 좋아 팀의 분위기도 함께 좋아졌던 것 같습니다. 날마다 내 기분을 좋은 상태로 유지하면 사람도 일도 돈도 정보도 운도 따라온다는 고마운 경험을 했습니다. 그렇게 할 수 있었던 건 감사하는 마음과 심적 여유가 있었기 때문입니다.

이 책을 쓰려고 마음먹은 이유 역시 그런 귀중한 경험 덕분에 크나큰 깨달음을 얻었기 때문입니다. 도저히 잠자코 있을 수가 없었습니다. 마흔 살에 이그제큐티브 코치로서 독립한 이유기도 합니다.

어릴 때부터 스스로를 채찍질하고 고통스러워하면서 목표를 달성하는 방법밖에 몰랐던 제가, 우연히 독일에서 일하는 기회를 얻은 후 매일 좋은 기분으로 목표를 달성하는 법을 터득한 것입니다. 이런 제 경험을 통해 예전의 저와 같은 상황에 처해 있는 분들에게 뭔가를 알려줄 수 있다는 확신이 들었습니다.

현재 저는 이그제큐티브 코치로서 기업의 경영진이나 간부, 회사원 등등이 목표를 달성할 수 있도록 코칭하고 있습니다. 저의 클라이언트 중에는 스스로를 채찍질하며 괴로워하는 30~40대 분들이 많습니다. 이 책은 바로 그런 분들을 위해 쓰게 되었습니다.

특히 열심히 노력해서 어느 정도 성공했지만 자신을 몰아붙이는 습관 때문에 괴로운 분, 날마다 불안한 느낌이 드는 분, 잘해도 만족감을 느낄 수 없는 분, 열심히 일하다가 건강이 나빠진 분, 커리어에 정체기를 맞아 뭔가 변화가 필요하다고 생각하는 3040 직장인들께 적극적으로 권하고 싶습니다.

기분 좋은 사람들로 넘쳐나는 사회를 꿈꾸다

코로나19 감염증 확산 이후 정신 질환을 호소히는 분들이 낳아졌다는 말을 자주 듣습니다. 그래서일까요? 정신 건강에 관한 책과 정보가 자주 눈에 띕니다. 그런데 심리학자도, 카운슬러도 아닌 제가 쓴 이 책은 목표를 달성하기 위해서 어떻게 해야 하는가라는 고민에서 출발한 비즈니스서입니다.

'목표를 달성하려면 내 기분이 좋아야 한다.'

이 문장은 제가 세션을 시작하기 전 클라이언트들과 구호로 쓰고 있습니다. 이 말이 곳곳에 퍼져서 기분 좋은 사람들이 넘쳐나는 사회가 되기를 바랍니다. 저는 기업에서 일하던 시절부터 기분에 관한 다양한 경험과 공부를 거듭했습니다. 마흔 살에 독립하고 나서부터는 차근차근히 제 경험과 생각을 언어화했죠. 이그제큐티브 코치로서 많은 클라이언트와 세션을 진행하며 확신을 얻었고, 마침내 '내 기분을 최우선으로 하는 목표 달성법'을 책으로 정리할 수 있었습니다.

'내 기분을 좋게 유지하는 게 최우선이다.'

이 문장을 들으면 마치 쾌락에 빠지거나 아무것도 하지 않으면서 빈둥거리는 사람을 떠올리는 분들도 있겠지만 사실은 정반대입니다. 기분을 좋게 유지하면 집중력이 높아지고 생산성이 올라가며 실행력이 강해집니다. 하루하루 기분이 좋은 사람과 하루하루 기분이 불쾌한 사람이 있다고 가정해보세요. 두 사람이 오늘 똑같은 일을 하면서 보냈다고 해도 기분이 좋은 사람이 불쾌했던 사람보다 기쁜 일이 많아지고 여유로운 삶을 보낼 것은 너무나 뻔합니다.

기분을 관리한 후 행복을 손에 넣은 사람들

'매일 기분이 좋은 상태를 유지하면서 목표를 달성했습니다. 몰라볼

만큼 인생이 행복해졌어요.'

'감각적으로만 느꼈던 것을 이론으로 풀어내 세션을 진행하는 내내 즐거웠습니다. 기분은 정말 중요한 것 같습니다.'

클라이언트들에게 받았던 평가 중 일부입니다. 좋은 기분 우선법을 실천한 사례들을 좀 더 살펴보겠습니다.

내 감정 관리 실천 사례

- 직원들의 이직률이 높아져 자신감을 잃었는데 세션을 통해 좋은 기분을 회복했습니다. 그 덕분에 이직하는 사람도 줄었고 사업을 더 크게 확장할 수 있었습니다. 30대 IT 기업 사장

- 사업의 목적과 목표가 뭔지 감을 잃은 후 기분이 점점 다운됐습니다. 그런데 세션 덕분에 제가 뭘 하고 싶은 건지 다시 깨달았고 가족과의 관계뿐 아니라 직장 동료들과의 관계도 좋아졌습니다. 30대 전력 회사 사장

- 자기 축을 이해하면서 지금까지 망설이던 창업을 한번 해보기로 결심했습니다. 현재 여러 언론에 소개될 만큼 여러 방면에서 성과를 내고 있습니다. 40대 창업자

- 내세울 만한 회사의 미션과 비전이 없어서 채용 공고를 낼 수가 없었습니다. 그런데 세션을 하면서 에너지 넘치는 상태를 회복할 수 있었습니다. 지금은 진심 어린 기업 이념과 비전을 만들었고 지원자들이 넘쳐납니다. 30대 IT 기업 사장

- 회사에서 의사소통이 원활하지 못해서 너무 힘들었고 기분도 항상 나빴습니다. 그러다 세션을 들은 이후 저 자신을 제대로 이해하게 되었고 좋은 기분으로 돌아올 수 있었습니다. 현재는 회사의 비전과 미션에 맞게 조직 변혁에 앞장서고 있습니다. 50대 상장 기업 집행 임원

- 연 7만 명의 환자를 진찰하면서도 미션과 비전을 찾지 못해 진취적이지 못했습니다. 그런데 자기 축으로 솔직하게 살다 보니 내 기분을 잘 북돋을 수 있었고 마침내 즐거운 직장 분위기를 만들 수 있었습니다. 40대 치과 원장

- 다양한 자기계발 세미나에 참가했는데, 마음이 편안해지기는커녕 오히려 망설임과 불안감이 점점 커졌습니다. 그런데 좋은 기분 우선법을 실천하면서 불안이 잦아들었고 눈앞에 주어진 일에 집중하며 최선을 다할 수 있었습니다. 30대 벤처 기업 CTO

- 직원을 채용할 자신이 없어서 사업을 확대하지 못했습니다. 그런데 자기 축을 이해한 후 기분이 좋은 상태를 유지하다 보니 직원들과 잘 지내게 되었고, 그런 후 새로운 직원도 채용할 수 있었습니다. 40대 실내 디자인 시공사 사장

- 대기업 의뢰를 받아 일하면서도 오래전부터 꿈꾸던 사업을 하지 못해 괴로웠습니다. 그런데 자기 축을 깨달은 후 '결단'을 내릴 수 있었고 원하던 사업을 시작할 수 있었습니다. 30대 경영 컨설팅 회사 사장

- 업무 스트레스 때문에 조울증을 앓았습니다. 하지만 자기 축을 깨닫고 좋은 기분을 유지할 수 있었고 고액의 컨설팅 의뢰를 멋지게 따냈습니다. 40대 경영 컨설턴트

- 자아를 탐구하다 앞으로의 인생과 경력을 어떻게 하면 좋을지 망설여졌습니다. 그런데 자기 축을 깨닫자마자 좋은 기분을 되찾았고 독립해서 회사까지 차릴 수 있었습니다. 40대 조직 개발 컨설턴트

- 가족, 특히 아내와 사이가 좋지 않았는데 '좋은 기분 우선법'을 실천하고 나서 관계가 좋아졌으며 일 또한 잘 풀렸습니다. 30대 중소기업 경영자

- 자꾸만 남들의 시선에 신경 쓴 탓에 인생이 정체기에 빠져버렸습니다. 너무 스트레스가 심해서 멘탈이 약해졌어요. 그런데 자기 축을 깨달은 덕분에 나다움을 찾을 수 있었습니다. 30대 변호사

- 오랫동안 시달리던 트라우마와 불안을 한꺼번에 싹 제거하고 기력이 충만한 상태로 해외에 부임할 수 있었습니다. 40대 대기업 관리직

- 하루하루 좋은 기분을 되찾으면서 원래의 제 모습을 회복했습니다. 오랫동안 겪었던 장 트러블도 말끔히 나았습니다. 30대 개인 사업주

- 자기 축을 정한 다음 밸류, 미션, 비전을 다시 설계해 사원들과 판매점에 공유했습니다. 이후 사업 확대뿐 아니라 자기 성장도 함께 이룰 수 있었습니다. 40대 경영자

- 자기 축을 확립하면서 잃어버린 자신감을 되찾고 다른 업종으로 이직도 할 수 있었습니다. 덕분에 현재 N잡러로 활약 중입니다. 40대 경영 간부

좋은 기분을 유지하는 것에만 집중해보기

과제나 목표는 사람마다 다릅니다. 그런데 많은 클라이언트들에게 이런 말을 자주 듣습니다.

> "하루하루 정말 열심히 살았는데 몸 상태가 안 좋아서 고민이에요."
> "이느 징도 성과는 내고 있습니다만 마음이 너무 괴롭습니다."
> "기대한 만큼 성과가 안 나오니까 마음이 불안합니다."

좋은 기분을 되찾은 이후 클라이언트들은 어떻게 바뀌었을까요? 그들은 뛰어난 실적으로 승진하거나 인생을 바꿀 만한 결단력을 발휘해 독립했습니다. 또 원만한 인간관계와 여유로운 시간, 잃었던 건강을 되찾았습니다. 이 책에서 그 노하우를 되도록 알기 쉽게 설명하려고 합니다.

최근에 초등학교 졸업 문집이 눈에 띄어 읽다가 깜짝 놀랐습니다. '당신의 꿈은 무엇인가요?'라는 질문에 '기누가사 사치오衣笠祥雄, 일본의 전 야구선수 - 옮긴이'라고 써 있었거든요. 그는 당시에 프로야구 연속 시합 출장 세계 기록을 경신한 선수입니다. 투수가 던진 공에 맞아 어깨뼈가 골절됐는데도 다음 날에 시합에 나가서 풀스윙을 하는 모습이 제 눈에는 슈퍼스타로 보였습니다. 그때 저는 극단적인 부류였을지도 모르겠습니다만, 왠지 저처럼 '인내의 미덕'에 끌리는 분들도 더러 있을 것 같네요.

어린 시절, 천식을 앓았던 저는 스스로를 몰아붙였습니다. 낮에 발작이 일 때는 잘 참았는데 밤에는 한계에 다다랐고 어머니 등에 업혀 야간 병원을 자주 드나들었습니다. 하지만 다음 날 아무 일 없었다는 듯 천연덕스러운 얼굴로 등교했습니다. '참는 사람은 강한 사람이자 성공하는 사람'이라고 믿었으니까요.

앞으로 어떤 사회가 되길 원하는가?

아이들이 어떤 세상에서 살아가길 바라는가?

힘들어도 목표 달성을 해야 한다는 생각은 세대를 넘어 전파됩니다.

저는 평범한 샐러리맨 가정에서 자랐습니다. 어머니와 아버지가 열심히 벌어서 삼 남매를 돌봐주셨죠. 부모님 세대는 전쟁 후 고통스러운 시기를 극복했기 때문에 눈앞에 주어진 일을 '열심히' 하는 데에 온 힘을 쏟았습니다. 그런 모습을 보고 자란 저는 인생을 즐기며 일하는 독일 사람들을 보면서 뭐라 형용할 수 없는 분노를 느끼곤 했습니다. 그들은 여유로운 삶을 사는데 우리 부모님 세대는 그러지 못했으니까요. 저는 기분 좋게 인생을 즐기면서도 튼튼한 하나의 축을 가진 어른들이 넘쳐나는 사회를 꿈꿉니다. 그리고 아이들이 희망을 품으며 웃음이 끊이지 않는 시회, 모두의 행복도가 높은 사회가 되기를 바랍니다.

1장

지금 기분이 나쁜 건
다 주변 사람들 때문이다?

감정 관리는 목표를 이루는 열쇠

기분을 무시하는 사람들

"지금, 기분이 어떠세요?"

누군가가 갑자기 이렇게 물어보면 여러분은 뭐라고 대답할 건가요?

저는 일대일 세션을 시작할 때 제일 먼저 클라이언트에게 기분이 어떤지 물어봅니다. 그런데 대부분 제대로 대답하지 못합니다.

"요즘 너무 바빠서 그런지 하루가 순식간에 지나가더라고요……."

"집에서 연락이 와서 끝나자마자 곧바로 집으로 가야겠어요."

제가 물어본 건 지금 느끼는 기분입니다. 기쁘다, 즐겁다, 떨린다, 슬프다, 짜증 난다, 괴롭다는 감정 상태를 말하면 됩니다. 저는 클라이언트의 감정 표현을 듣고 싶었는데, 예상과 달리 감정이 아닌 다른 것을 말하는 분들이 많습니다. 그럴 때 저는 다시 한번 물어봅니다.

나 :   "그래요? 그래서 지금 기분이 어떤가요?"

클라이언트 : "혹시 제 기분이 어떤지를 묻는 건가요? 음… 그냥 그런데요."

클라이언트의 흔한 대답 유형 중 하나로, 비교적 여성분들보다 남성분들이 이렇게 대답하는 경우가 많습니다. 이렇게 말하는 분도 있습니다.

"기분이요? 글쎄요. 아무것도 느껴지지 않는데요."

그런데 감정은 지금 이 순간 반드시 느껴집니다. 매 순간 시시각각 일어나는 게 감정이니까요. 다만 그 감정을 제대로 느끼고 표현하지 못할 뿐입니다.

 감정의 종류

감정은 행복한 감정과 피로운 감성으로 구분할 수 있습니다.

● **행복한 감정**

사랑, 감사, 호기심, 열정, 관용, 자신감, 고양감, 활기, 자유로움, 평안, 뿌듯함

● **괴로운 감정**

불쾌, 공포, 상심, 분노, 욕구 불만(좌절감), 실망, 죄책감, 스트레스, 고독

독일과 벨기에 사람들에게 지금 기분이 어떤지 물어보면 뭐라고 할까요? 그들은 대체로 웃으면서 "기분이요? 당연히 좋죠!"라고 대답합니다. 그리고 자기 이야기를 즐겁게 합니다.

그들은 자신의 기분을 의식하기 때문에 상대방에게 '당신은 어때요?' 하고 자주 묻기도 합니다. 이는 영어 인사말 'How are you?'에 가까운 표현입니다. 매일 당연하게 주고받는 인사말 같은 느낌이라 특별함이 없다고 생각하는 분도 있겠지만, 자세히 들여다보면 여기에는 인생을 행복하게 만드는 비결이 숨어 있습니다.

저도 처음에는 그저 습관적으로 묻는 게 아닌가 하고 생각했습니다. 그런데 그들과 지내는 동안에 깨달았습니다. 그들은 매일 자신의 감정 상태를 의식하기 때문에 상대방의 기분도 의식한다는 것을요.

기분이 좋아야 삶이 즐거워진다

여러분은 살면서 '지금 기분이 어떠세요?'라는 질문을 받은 적이 있나요? 제 생각엔 누군가와 지금 감정 상태가 좋은지 나쁜지를 이야기하는 일은 매우 드문 것 같습니다. 기분이 정말 좋을 때도 '정말 좋아요!', '최고네요!'라고 직접적으로 표현하는 경우는 그리 많지 않습니다. 직장 생활에서는 더더욱 드뭅니다. 정도의 차이는 있지만 감정을 겉으로 드러내지 않는 직장 문화가 사회에 만연하기 때문이겠죠.

자신의 감정을 이해하려면 먼저 '지금 내 기분은 어떤 상태인가?'를 스스로에게 물어봐야 합니다. 최근 신경 언어 프로그래밍(NLP)이 새로 주목받고 있습니다. '뇌와 마음의 취급 설명서'라 부르기도 하는데요, 인간의 오감 및 언어와 뇌 사이의 상호 작용을 연구해 긍정적인 행동 변화를 이끄는 과학적 기술과 연구 등을 말합니다. 이에 따르면 질문을 할 때 우리 뇌에는 자연스럽게 공백이 생기는데, 뇌는 이 공백을 위협으로 인식해 그 공간을 필사적으로 메우려고 합니다. 이런 뇌의 움직임을 이용해 스스로에게 질문하고 대답해보는 거예요.

'지금 기분이 어때?'

지금 당장 스스로에게 이런 말을 걸어보세요. 아주 단순한 질문이라 내뱉기 쑥쓰할지도 모르지만 한번 해보는 거예요. 하지만 어떤 분들은 이렇게 말할지도 모르겠습니다.

"너무 바빠서 제 마음을 돌볼 시간이 없어요."

"그럴 시간에 어떻게 하면 매출을 올릴지 생각해야 하는 거 아닐까요?"

저 역시 이런 생각을 했기 때문에 누구보다도 여러분 마음을 잘 압니다. 그런데 여기서 다시 한번 맨 처음에 제가 드렸던 "당신의 행복한 감정을 1000억에 파시겠습니까?"라는 질문을 떠올려보세요. 다른 그 무엇보다 기분이 좋아야 삶이 즐거워지는 법입니다. 내 감정을 들여다보지 않은 채 목표를 달성하려고 하는 건 행복을 저버리는 것과 같습니다.

경제적으로 풍족한데 왜 행복 지수는 낮을까?

세계 행복 보고서에 따르면, 일본의 행복 지수는 낮은 편에 속합니다. 경제적으로는 풍족한 나라임이 분명한데 왜 이렇게 행복 지수가 낮은 걸까요?

UN 산하 자문 기구가 발표하는 '세계 행복 보고서'는 각 나라의 국민이 '얼마나 행복을 느끼는지'를 평가합니다. 1인당 국내총생산(GDP), 기대 수명, 관용, 사회적 지원, 사회적 자유, 부정부패 항목을 기준으로 국가별 행복 지수를 계산하죠.

● 상위 10위(2021년 기준) :

1위 핀란드, 2위 덴마크, 3위 아이슬란드, 4위 스위스, 5위 네덜란드, 6위 룩셈부르크, 7위 스웨덴, 8위 노르웨이, 9위 이스라엘, 10위 뉴질랜드

● 일본의 순위 :

2016년 51위, 2017년 54위, 2018년 58위, 2019년 62위, 2020년 56위, 2021년 54위

● 한국의 순위 :

2016년 55위, 2017년 57위, 2018년 54위, 2019년 61위, 2020년 62위, 2021년 59위

행복 지수가 낮은 원인 중 가장 큰 요인을 꼽는다면 바로 '사회 통념'일 겁니다. 일본 사회는 고객 입장에서 보면 참 편안하고 쾌적합니다. 그 반면에 서비스를 제공하는 입장에서 보면 너무 힘들고 고통스럽죠. 일본은 고객이 최상급 서비스를 제공받는 것이 당연한 사회입니다. '손님은 왕'이라는 말이 지나치게 사회에 영향을 끼치고 있는 거죠.

하지만 아무리 최상급 서비스를 제공해야 할지라도 직원들의 기분을 무시하는 건 바람직하지 않습니다. 한 사람, 한 사람의 나쁜 기분이 차곡차곡 쌓이다 보면 그 여파는 결국 사회로 되돌아오니까요. 모두가 자신의 기분을 소중히 생각하고 주변 사람들의 기분도 돌보는 사회라면 '손님은 곧 왕'이라고 강조해도 개인과 사회가 균형을 잃지 않을 겁니다.

최근 들어 감염병 때문에 불안해하는 사람이 부쩍 늘었습니다. 이럴 때일수록 자신의 기분을 우선하면 좋겠습니다.

기분을 뒷전에 두는 사회에서 행복할 수 없다

제가 독일과 벨기에에서 생활하며 얻은 큰 깨달음 중 하나는 그들이 기분을 최우선하는 것을 당연하게 생각하고 살아간다는 점입니다. 일본은 '기분은 뒷전으로 미룬다'를 전제로 한 사회입니다. 리모트 워크remote work 자신의 업무 스타일에 맞게 다양한 장소와 공간에서 일하는 방식으로 재택근무보다 넓은 의미이다 - 옮긴이가 당연해지기 전 사람들로 꽉 들어찬 아침 출근길의 만원 지하철을 그 예로 들 수 있습니다. 사무실도 분위기는 비슷합니다. 스트레스 내성이 높을 거라 가정하고 직원의 기분을 무시하면서 강압적으로 업무를 지시하는 곳이 여전히 많죠. 제가 방문했던 한 회사에서는 '다 팔기 전까지는 사무실로 돌아올 생각도 하지 마!'라는 지시를 내리더군요. 우리 사회에는 아직도 이런 회사가 많습니다.

고통을 참아가면서 이룬 성공 경험을 다음 세대에게 그대로 물려주는 건 그들에게 고통을 강요하는 것과 같습니다. 그러지 않으려면 먼저 기분을 고려하지 않는 사회 구조와 소통법에 대해 의문을 가져야 합니다.

언제까지 희생을 강요할 것인가?

2019년 열린 럭비 월드컵에서 일본 대표팀은 강적과 대등하게 싸우며 선전했습니다. 저는 선수들끼리 몸을 부딪치는 스포츠 경기에서 일본이 강호국과 팽팽하게 맞서 싸우는 모습을 볼 거라고는 상상도 못했습니다. 선수들 인터뷰를 보니 강도 높은 훈련을 받을 때의 고충이 그대로 전해지는 것 같았습니다. 그만큼 철저하게 연습하지 않았다면 강적을 상대하기 어려웠을 겁니다.

그런데 인터뷰를 보다가 '수많은 희생을 치른 대가로 얻은 승리'라는 표현을 자주 사용하는 선수들의 모습이 마음에 걸렸습니다. 선수들은 가족과 보내는 시간을 줄여가며 고통스러운 훈련을 계속했을 겁니다.

저는 사람들이 선수들의 인터뷰를 '곧이곧대로' 받아들이지 않았으면 좋겠습니다. 스포츠 세계와 일반적인 세계에서는 전제가 너무나도 다릅니다. 스포츠는 정해진 규칙 속에서 승리를 목표로 한마음으로 뭉쳐 단기간에 성과를 내는 승부의 세계입니다. 한편 우리 사회는 일반적으로 '각자가 행복하게 살아간다'는 장기적인 목표를 가진 세계입니다. 따라서 규칙이나 규범도 다양하고 가치관 또한 천차만별이죠.

희생을 미덕으로 삼는 사회나 조직에서는 부작용이 발생합니다. 그럼에도 '희생을 많이 하는 사람일수록 회사나 조직에 많이 기여하기 때문에 높이 평가해야 한다'라는 인식은 여전한 것 같습니다. 바쁜 사람일수록 열심히 한다, 무뚝뚝하고 웃지 않는 사람인수록 긴지하게 일을 한다, 오래 자리를 지키고 앉아 있는 사람일수록 많은 업무를 한다, 가족보다 회사를 먼저 생각하는 사람일수록 우수하다 등등 많은 사람들이 이런 말과 생각을 자연스럽게 받아들이고 그에 맞춰 행동합니다.

저는 해외에서 일하는 동안 현지 동료들에게 이런 질문을 자주 받았습니다.

"일본 사람들은 원래 다 기분이 안 좋은가요? 왜 안 웃는 거죠?"
"일본 사람들은 볼 때마다 복도를 뛰어다니던데 왜 그런 거예요?"
"밤늦게까지 일하고 집에 가면 가족들이 뭐라고 안 하나요?"

그들은 희생하고 인내하는 업무 방식에 의문을 가집니다.

저는 독일과 벨기에의 모든 것이 훌륭하다고 생각하지 않습니다. 다만 이해의 영역을 떠나 '지금 이 순간 좋은 기분을 유지하려는 태도'는 꼭 참고하면 좋겠습니다.

목표 달성과 기분의 상관관계

오른쪽 이미지는 목표 달성과 기분의 상관관계를 정리한 표입니다. 목표 달성과 미달성은 가로축, 고통과 행복은 세로축입니다.

1사분면은 하루하루가 행복한 기분이지만 성과를 내지 못하는 영역입니다. 2사분면은 하루하루가 행복한 기분일뿐더러 성과도 내고 있는 이상적인 영역입니다. 3사분면은 하루하루가 고통스러운 기분인 데다가 성과도 내지 못하는, 근본적으로 삶을 되돌아볼 필요가 있는 영역입니다. 4사분면은 하루하루가 고통스러운 기분이지만 비교적 성과를 내고 있는 영역입니다.

과거의 저는 4사분면에 해당합니다.

■ 목표 달성과 기분의 상관관계

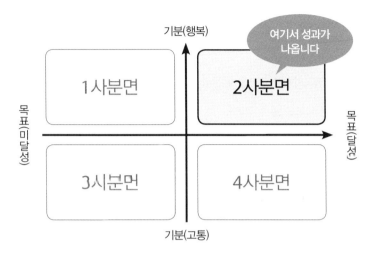

제 클라이언트 중에도 4사분면에 해당하는 분이 많은데 대부분 이렇게 말합니다.

"경제적으로 여유도 생기고 평판도 나쁘지 않은 것 같은데 매일매일 너무 고통스러워요."

가로축은 목표를 어느 정도 달성했는지를 수치로 나타냅니다. 그러나 세로축인 행복과 고통은 어디까지나 그 사람의 주관적인 판단이기 때문에 언제든지 바꿀 수 있습니다. 그래서 저는 클라이언트에게 늘 강조합니다.

> "어디까지나 기분은 당신의 영역에 있습니다. 맘만 먹으면 당장 좋은 성과를 낼 수 있어요."

눈앞에 벌어진 일을 어떻게 받아들일지는 내가 선택한다

여러분 중 『밤과 안개』라는 책을 알고 있는 분도 있을 겁니다. 이 책은 히틀러 정권 시절 2년 반 동안 나치 수용소에서 지내다 살아남은 오스트리아 정신과 의사이자 심리학자인 빅터 프랭클의 자전적 체험 수기입니다.

주위 사람들은 몸과 마음이 모두 피폐해져 미래에 대한 희망을 잃고 픽픽 쓰러져 죽습니다. 프랭클 박사도 함께 수용된 아내의 생사조차 모른 채 언제 출소할 수 있을지도 모르는 가혹한 상황에서 사경을 헤매죠. 그러나 프랭클 박사는 상상을 초월하는 환경 속에서도 살아야 할 이유를 찾습니다.

'어떤 상황이 벌어져도 삶의 의미를 찾을 수 있다. 내일 죽을지도 모르지만 그래도……'

그는 이렇게 자신의 비참한 현실을 받아들이고 삶의 의미를 찾습니다. 자신이 겪은 참혹한 현실을 세상에 알리기 위해 목숨을 부지합니다.

그와 반대로 절망 속에서 삶의 의미를 잃어버린 사람들은 바로 생을 포기했습니다. 실제로 크리스마스 직전에 한꺼번에 많은 사람들이 자살했다는 이야기가 책에 나옵니다. '크리스마스에는 출소할 수 있다'는 소문이 파다하게 퍼졌는데, 그것이 헛소문이라는 걸 알게 되자 삶의 의미를 잃어버렸기 때문이죠.

하루 종일 좋은 기분일 수는 없다

세상에서 일어나는 일은 그냥 사실일 뿐입니다. 그런데 그 사실에 우리가 의미를 부여하는 것이죠. 다시 말해 '해석'을 하는 겁니다. '해석'은 안전하게 세상을 살아가기 위해 갖춰진 뇌의 사고 기능 중 하나기 때문이죠. 새삼스럽지만 사실과 해석의 차이점을 한번 짚고 넘어갈게요.

　*사실 : 누가 봐도 변하지 않는 것.

　　　　숫자, 날짜, 시간, 사물의 이름, 일어난 사건 등.

　*해석 : 일이나 사람의 행동에 대해 자기 나름대로 생각하고

　　　　이해하는 것.

예시 1)

사실 : 그 사람은 숙제를 기한까지 제출했다.

해석 : 그 사람은 성실해.

예시 2)

사실 : 오늘 한낮의 기온은 30.5도이다.

해석 : 오늘 날씨 엄청 덥네.

　우리가 일상적으로 나누는 대화의 대부분은 사실보다는 해석이 많습니다. 여기서 사실과 해석을 구분하는 기술을 강

조하는 게 아닙니다. 사실과 해석을 구분하고 이를 활용해서 좋은 기분으로 살아가겠다는 각오를 다지는 것이 중요합니다.

많은 사람들이 '내 기분은 주변 사람들과 환경 때문이다'라고 생각합니다. 그런데 이것은 착각입니다. 기분은 외부가 아니라 내부 즉 내가 좌우한다고 바꿔서 생각해보세요.

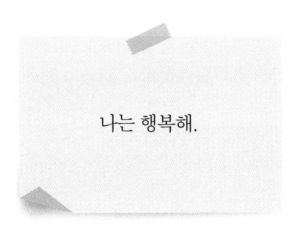

속는 셈치고 한 번만 이 문장을 따라 해보세요. 꼭 소리 낼 필요는 없습니다. 머릿속으로 문장을 떠올려도 좋아요. 무슨 일이 있어도 행복한 기분에서 벗어나지 않겠다고 다짐하는 거예요.

이 책의 독자라면 어떤 목표를 세운 다음 '해내겠다!'고 마음먹고 실제로 성과를 낸 적이 있을 겁니다. 그렇다면 기분도 마찬가지로 그렇게 조절할 수 있습니다. 다만 그런 사고방식에 익숙하지 않을 뿐이죠. 여러 가지 설이 있지만 사람이 하루에 하는 생각 중 95퍼센트는 전날 했던 생각들을 반복하는 것이라고 합니다. 그러니 습관적으로 '나는 행복하다'고 계속해서 되뇌고 유지할 수 있도록 생각을 바꿔보세요.

"말도 안 되는 소리 하고 있네"

이 책을 읽으며 이렇게 말하는 독자분들도 있을 겁니다. 인생은 뜻대로 되지 않는 일이 가득하기 때문이겠죠. 그러나 바꿀 수 없다고 한탄만 해봤자 바뀌는 건 아무것도 없습니다. 이럴 때 '해석'이 빛을 발합니다. 이 기술을 잘 써먹는다면 인생에서 무슨 일이 일어나도 좋은 기분을 유지할 수 있습니다.

저는 클라이언트에게 늘 기분이 좋을 필요는 없다고 말합니다. 언제나 좋은 기분일 수는 없으니까요. 그래서 저는 '하루 중에 80~90퍼센트 정도는 행복한 기분으로 보낸다'는 걸 목표로 삼아보라고 조언합니다.

기분을 바꾸면 행동도 바뀐다

'하루하루 행복한 기분'이란 문장을 들으면 어떤 느낌이 드나요? 흔히 쾌락을 우선하며 목표를 향해 행동하지 않는 상태라고 생각할지도 모르겠습니다. 그런데 이 책에서는 행동력을 높이는 방법으로서 좋은 기분의 중요성을 말하려고 합니다. 만약 실행력이 같은 두 사람 중 매일 기분이 좋은 사람과 고통을 느끼는 사람이 있다면 둘 중 누가 더 행복할 것 같나요? 누가 더 오랫동안 성과를 낼 수 있을까요? 두 사람 중 동료로 택해야만 한다면 여러분은 누구와 일하고 싶은가요? 대부분 '기분이 좋은 사람'을 선택하지 않을까요?

　뇌 과학 분야에서는 이미 흔한 주장인데, 좋은 기분은 이마

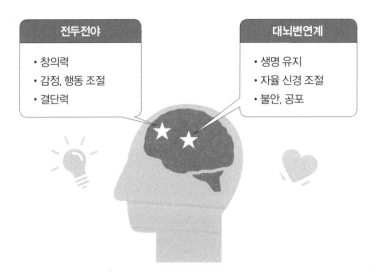

전두전야	대뇌변연계
• 창의력	• 생명 유지
• 감정, 행동 조절	• 자율 신경 조절
• 결단력	• 불안, 공포

바로 뒤에 있는 전두전야가 기능하는 상태입니다. 전두전야
는 행복 호르몬인 세로토닌을 내뿜고 감정을 조절합니다. 창
조적인 발상과 장기적인 기억 능력에도 관여합니다.

　한편 고통스러운 기분은 주로 위험으로부터 몸을 보호하
기 위해 대뇌변연계(정동뇌)가 기능하는 상태입니다. 도전을
거부하고 안심과 안전을 추구하죠. 그래서 문제의 본질을
냉정하게 바라보는 게 아니라 임시방편으로 대처하게 만듭
니다.

　뇌 과학 관점에서도 기분에 따라 행동이 바뀌는 것은 명백

합니다. 기분에 대해 뇌 과학 관점으로 바라보면 기분이 '원인', 사건이나 일이 '결과'죠. 기분이 어떠냐에 따라 결과는 달라집니다. 그러므로 좋은 기분으로 지낼 것을 자기 자신과 약속해야 합니다.

감정 관리는 목표 달성을 이루는 열쇠다

저는 클라이언트에게 불안하거나 스트레스를 받아 힘들고 지칠 때 중요한 결정은 하지 말라고 이야기합니다. 고통스러울 때 중요한 결정을 내리는 건 바람직하지 않습니다. 도리에 어긋나는 판단이나 발언을 쉽게 할 수 있기 때문이죠. 하지만 기분이 좋은 상태라면 결단을 내려도 괜찮습니다.

제 클라이언트의 사례를 이야기해볼게요. 그분은 IT 기업 경영자인데, 자사의 밸류(가치), 미션(임무), 비전(미래)을 다시 정하고 싶다고 했습니다.

저와 이야기를 나누며 그는 점차 진짜 자신의 축을 깨닫고 스스로가 만족감을 느낄 수 있도록 행동하고 연습했습니다.

그 결과 그의 몸과 마음은 건강해졌고 그 덕분인지 전보다 더 구체적이고 규모가 커진 밸류, 미션, 비전을 정할 수 있었습니다. '어떤 기분으로 행동하고 생각하느냐'가 무엇보다 중요다는 걸 알려주는 사례입니다.

기분이 나쁜 사람이 만든 상품과 서비스는 남에게 도움이 되기는커녕 피해를 줍니다. 지금 인터넷이나 텔레비전에 떠도는 정보나 서비스 중에서 진정으로 사람들을 행복하게 하는 건 얼마나 될까요? 요즘에는 공포를 마구 부추기며 소비자의 기분을 나쁘게 만들면서 관심을 끄는 상품과 서비스도 상당히 많은 것 같습니다. 이렇게 느끼는 게 과연 저뿐일까요? 소비자 중 한 사람으로서 내가 산 상품이나 서비스가 그렇게 만들어진 게 아닌지 생각해볼 필요가 있습니다.

휴가가 무엇보다 중요한 사람들

서유럽 사람들은 휴가에 대한 집착이 강합니다. '서유럽 사람들은 휴가를 가기 위해서 일한다'는 말은 정말이었습니다.

휴가지에서 내년 여름휴가를 예약하는 사람이 있을 정도니까요.

독일에서는 보통 7월에 휴가를 갑니다. 그래서 중요한 업무와 관련된 일정은 6월까지 맞춥니다. 여름 휴가철은 8월 말까지 계속되는데, 한 달 동안 휴가를 내는 직원들도 흔합니다. 평소에 휴가 간 직원을 대신할 수 있도록 미리 업무를 분담하기도 합니다. 누가 봐도 쉽게 대신 업무를 할 수 있도록 폴더를 정리하고 공유합니다. 작업 흐름도 되도록 간단하게 합니다. 하지만 책임 소재는 명확하게 구분합니다.

12월에 휴가를 가는 직원도 많습니다. 휴가를 다 쓰지 못하면 직원에게 남은 휴가 일수만큼 수당을 지급하도록 법에 정해져 있기 때문이죠. 그래서 인사팀에서는 휴가를 다 쓰도록 권합니다.

하지만 아직도 우리 사회에서는 휴가 가는 직원에게 눈치를 주거나 아예 보장해주지 않는 경우도 많습니다. 휴가로 자리를 비운 담당자를 배려하는 문화가 없기 때문이죠. 사회 통념을 바꾸지 않으면 서유럽 사람들처럼 휴가를 가는 일은 불가능합니다.

처음에 저는 휴가를 길게 가는 독일 사람들을 보면서 너무

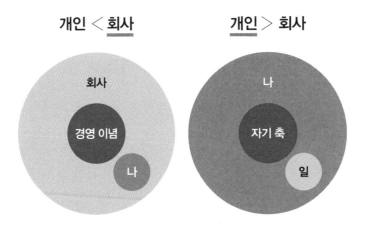

개인 < 회사   개인 > 회사

회사 / 경영 이념 / 나

나 / 자기 축 / 일

안일한 태도로 일하는 건 아닌가 하며 화를 냈습니다. 그런데 일한 지 3년쯤 됐을 때 2주 동안 여름휴가를 다녀오고 깨달았습니다.

저는 그전까지 '회사에 내가 속해 있다'고 생각했습니다. 그런데 쉬는 동안 '내 삶 속에 일과 회사 생활이 속해 있다'는 걸 깨달았습니다. 일하는 동안에는 늘 불안하고 화가 나 있었는데 휴가를 떠나서 생각해보니 정말로 회사에 필요한 게 뭔지를 냉정하게 판단할 수 있었습니다.

상대방을 과하게 신경 쓸 때
내 기분은 망가진다

여러분들도 한 번쯤은 이런 적이 있을 겁니다.

다른 사람의 기분은 잘 헤아리면서 내 감정은 무시했나.

사람들의 기대나 평가에 지나치게 신경 쓰다가 마음 상했다.

주변 사람들 비위를 맞추느라 괴로웠다.

사실 저도 예전에 그랬습니다. 학교에 다닐 때도, 회사에 다닐 때도 주변 사람들과 사내 분위기에 맞추려고 엄청 애를 썼습니다.

우리 사회는 개인이 전체나 조직에 맞추기를 바랍니다. 저 또한 이런 사회에서 살고 있기 때문에 '내 감정이 중요한 게 아니야. 어차피 내 맘대로 조절할 수 있는 것도 아니잖아'라고 생각했습니다. 오히려 이렇게 생각하는 편이 변명거리를 주는 것 같아 마음이 편했죠. 도대체 우리는 어쩌다가 이렇게 자신의 기분을 무시하게 됐을까요? 이 주제와 관련해서 독일과 비교해서 말씀드려보겠습니다.

독일과 일본은 역사적으로는 패전국이고, 산업적으로는 제조업이 발달했다는 공통점이 있습니다. 독일인 하면 시간과 규칙, 약속을 잘 지키며 검소하고 절약하는 빈틈없는 인상이 들지 않나요? 이런 점들 때문에 독일인은 일본인과 기질이 비슷하다는 이야기도 자주 듣습니다. 그런데 사실 자세히 살펴보면 라이프스타일에는 큰 차이가 있습니다. 단적으로 말하면 독일은 개개인의 '자립과 독립'을, 일본은 전체에 대한 '협조와 동조'를 중시합니다. 독일에서는 아이들이 만 10세가 되면 일찌감치 진로를 선택해야 합니다. 독일의 교육제도는 우리와 달리 중학교와 고등학교 과정이 하나로 통합돼 있기 때문에 초등학교를 마치면 인문계로 갈지 실업계로 갈지를 결정해야 합니다. 진로는 세 가지 중에 하나죠. 첫 번째는 대학 진학을 목표로 하는 김나지움, 두 번째는 직업 전문학교 진학을 목표로 하는 실업학교, 세 번째는 기술 장인을 목표로 하는 직업학교입니다. 우리로 따지면 초등학교 4학년 때 스스로 어떤 길을 갈지 결정하는 거죠.

수업 방식도 큰 차이가 있습니다. 독일은 학생들 모두가 참여하는 토론을 바탕으로 수업을 진행합니다. 그리고 학교마다 다르겠지만 대부분 1시에 수업이 끝납니다. 아이들은 방과 후 곧바로 집에 가거나 도서관에 가거나 스포츠 클럽에 가는 등 여러 활동을 합니다. 저마다 자기가 좋아하는 걸 하죠. 자유로운 만큼 스스로 생각하고 행동해야 하는 어려움도 있지만, 어릴 때부터 '나는 뭘 좋아할까?', '내가 생각하는 중요한 것은 뭘까?', '다른 사람과 나의 가치관은 어떻게 다를까?' 같은 질문을 스스로 하면서 답을 찾아갑니다.

이와 반대로 우리는 학교에서 나 자신에 대한 문제를 생각하기보다는 다른 사람과 화합하는 것부터 배웁니다. 예전에 해외에서 잠깐 귀국해서 제 아이가 참가한 운동회를 보러 간 적이 있습니다. 그때 본 광경을 저는 아직도 선명하게 기억합니다. 운동장을 가득 메운 아이들이 단 한 번도 떨어트리지 않고 훌라후프를 허리춤에 빙글빙글 돌리는데, 꽤 질서 정연했습니다. 옳고 그름을 떠나 아이들이 협조와 연대를 강조하는 교육 환경에서 자란다는 것을 단적으로 보여주는 사례입니다. 우리는 이런 교육을 받고 자랐기 때문에 내 감정을 소중히 여기는 것에 익숙지 않은 것입니다.

우리는 대인 관계 때문에 쉽게 기분이 상합니다. 다른 사람의 기분을 과하게 의식해 억지로 맞추려고 애쓰기 때문이죠.

또 자신이 신경 쓰는 만큼 주변 사람도 똑같이 해주기를 바랍니다. 만약 기대에 못 미치면 곧바로 부정적인 감정을 느낍니다. 그러면 그 감정이 다시 주변에 안 좋은 영향을 끼칩니다.

이런 악순환을 끊으려면 어떻게 해야 할까요? 답을 찾기 전에 먼저 알아둬야 할 것이 있습니다. 바로 고맥락 문화(high context)와 저맥락 문화(low context)입니다. 쉽게 표현하면 '분위기 파악하기'라고 바꿔 말할 수 있습니다.

고맥락 문화는 상대방의 마음이 어떤지 짐작하면서 의사소통하는 환경을 말합니다. 일본은 대표적인 고맥락 문화입니다. 말하지 않아도 상대의 뜻을 먼저 헤아리는 걸 미덕이라고 생각하는 사회죠.

한편 저맥락 문화는 그냥 속마음을 그대로 표출하는 방식을 말합니다. 독일은 대표적인 저맥락 문화입니다. 독일인들은 직접적이고 알기 쉬운 표현과 이론을 선호합니다. 모호한 표현은 되도록이면 하지 않습니다. 사실에 근거를 두고 논리적으로 말합니다. 그래서 그런지 독일인들은 논쟁을 불러일으킬 만한 발언을 서슴없이 합니다. 본질적인 부분에 의문을 품고, "애초에 왜 ○○ 부서가 있는 거죠?"처럼 직접적으로 질문하는 사람도 많습니다. 의견이 엇갈리는 것도 흔한 일이죠. 대놓고 비판했을 때 그 사람 얼굴에 먹칠을 한다는 생각도 별로 하지 않습니다. 그러다 보니 가슴이 철렁해질 만큼 눈치 없는 메일을 보내기도 하죠. 물론 악의가 있어서 그러는 건 아닙니다. 그저 사실에 근거를 두고 논리적으로 말할 뿐입니다.

예를 들어 지각을 세 번 한 사람에게는 "이번 달에 세 번이나 지각했는데, 맞습니까? 지가한 이 ∩가 뭐쇼!"라고 묻습니다. "너는 진짜 시간을 잘 안 지키잖아. 너무 게을러!"라는 식으로 말하지는 않습니다. 그 반면에 일본은 어떤가요? 회사에서 누군가가 한 달에 지각을 세 번이나 했습니다. 그러면 그 사람에게 뭐 때문에 지각을 했는지 제대로 물어보지도 않은 채 그냥 속으로 '저 사람은 너무 게을러'라고 멋대로 추측해버립니다.

40대 대기업 관리직인 제 클라이언트는 매일 회사에서 화가 난다고 말했습니다. 심리 상담을 공부한 분이라 그런지 상대방 기분이나 태도를 파악하는 데에 많은 에너지를 쏟는 것 같았습니다. 그래서 저는 업무를 제외한 모든 상황에서 섣불리 다른 사람의 인격이나 기분 상태를 지레짐작하고 판단하지 말라고 조언했습니다.

마음대로 할 수 있는 건 내 마음뿐이다

상대방이 나를 이해해주기를 기대하면 고통스럽습니다.

"저는 상대방을 신경 쓰고 배려하려고 노력해요."

"분위기를 망치기 싫어서 불편해도 참고 넘겨요."

"눈치를 많이 봐서 그런지 몸이 너무 피곤해요."

"몸이 부서지도록 늦게까지 회사에서 야근하는데 마음이 공허해요."

고통은 주변 사람들이 나를 이해해주기를 기대하는 마음에서 비롯합니다. 서유럽 사람들은 애초에 다른 사람이 나와 같은 마음일 거라고 생각하지 않습니다. 제가 일했던 벨기에는 플라망어(네덜란드어 파생어), 프랑스어, 독일어 이렇게 세 가지 언어를 공용어로 사용합니다. 그래서 그들은 대화하는 사람이 어떤 언어를 사용하느냐에 따라 언어를 바꿔 씁니다. 이런 환경에서 그들은 주변 사람들은 나와 가치관이 다를 수 있다는 걸 자연스럽게 배웁니다. 남들이 나를 이해해줄 거라는 기대도 하지 않죠. 다른 사람에게 무언가를 원할 때는 어떻게 할까요? 그들은 에둘러서 표현하지 않고 원하는 것을 분명하게 말합니다. 빙빙 돌려 말하지 않습니다. 여름에 집 앞에 난 잡초를 깔끔하게 처리하지 않으면 얼마 지나지 않아 이웃집 할머니나 할아버지가 초인종을 누르고 주의를 줄 정도거든요.

제 고향 나라奈良, 일본 간사이 지방에 있는 도시 중 하나 - 옮긴이에는 야쿠시지(藥師寺)라는 절이 하나 있는데, 그곳 스님의 설법이 아주 기가 막힙니다. 저는 그분의 이야기를 들으려고 새해가 될 때마다 찾아갑니다. 그 설법 내용 중 가장 기억에 남는 말이 있습니다.

"여러분, 손을 한번 쥐었다가 펴보세요. 여러분이 통제할 수 있는 건 딱 거기까지입니다. 인생은 그런 것이니 뜻대로 안 된다고 고민하지 마세요."

사람을 대하는 것이 너무 힘들 때 이 말을 들은 후 저는 구원받았습니다. 그래서 저는 제 말에 귀 기울여주는 주변 사람들에게 고마운 마음을 표현하기로 했습니다. 그 마음이 통했는지 사람들은 전보다 더 자주 제 말에 따라주었습니다.

기분은 전염된다

일본 사회에는 바쁘게 일하는 사람이 정말 많습니다. 제 클라이언트 중에도 너무 바빠서 힘들어하는 분이 많습니다. 그중 한 분과 나눈 대화입니다.

나 : "괴로운 상태로 일하면 업무 효율이 안 나는 걸 누구보다 잘 아실 텐데 왜 그렇게 눈코 뜰 새 없이 힘들게 일하는 거예요?"

클라이언트 : "그건 저도 잘 알죠. 근데 정말 일이 많아서 너무 바빠요."

나 : "그러세요? 근데 요즘 팀 분위기는 어때요?"

클라이언트 : "음, 많이 가라앉은 것 같아요."

나 : "직원들 표정은 어떤가요?"

클라이언트 : "시무룩한 것 같아요."

나 : "기분이 제일 중요하다는 거 아시죠? 시무룩한 표정으로 회의에 참석하면 팀원들도 영향받을 거예요. 바쁘더라도 먼저 기분을 좋게 바꿔보세요."

직급이 오를수록 부담감도 커진다는 건 저도 잘 압니다. 시무룩한 상태로 바쁘게 일하는 분도 나름의 이유가 있을 겁니다. 마음속에 노력한 만큼 좋은 평가를 받고 싶다는 욕구가 크기 때문일 수도 있고 회사 분위기상 바쁘게 일하는 사람일수록 열심히 한다는 평가를 받기 때문일 수도 있죠. 그런데 상사의 기분이 언짢으면 팀 전체 분위기도 안 좋아집니다.

제 조언을 들은 클라이언트는 기분이 부정적으로 생각하는 습관을 깨닫고 억지로라도 자주 웃었다고 합니다. 그러자 팀 분위기도, 회사 분위기도 훨씬 좋아졌다고 합니다.

사람의 뇌에는 거울 뉴런이라는 신경 세포가 있습니다. 이 세포는 눈앞에 있는 사람을 그대로 따라 하게 만듭니다. 여러분도 한 번쯤 다른 사람이 하품하는 모습을 보고 덩달아 하품했던 적이 있을 겁니다. 거울 뉴런이 활성화됐기 때문에 다른 사람의 행동을 자연스럽게 따라 한 것입니다. 아무 말도 할 줄 모르는 갓난아이가 말문이 트이는 것도 이 거울 뉴런 때문입니다.

끼리끼리 모인다는 말이 있듯이 기분이 좋은 사람 주변에는 기분 좋은 사람이 모입니다. 또 좋은 기분은 주변에 전염됩니다. 그러니 '좋은 기분으로 지내는 사람'을 칭찬하는 문화가 정착해야 하지 않을까요? 좋은 기분을 유지하는 데에 가치를 두는 사회로 바뀌길 바랍니다.

말 한마디로 면역력까지 높일 수 있다?

동양의학에서는 몸을 차게 하는 것이 만병의 근원이라고 하죠. 그만큼 체온을 따뜻하게 유지하는 것은 중요합니다. 하지만 현대 사회에서 적정한 체온을 유지하는 것은 어렵습니다. 수많은 스트레스가 우리를 괴롭히기 때문이죠.

자율 신경은 우리 몸의 다양한 기능을 유지하고 조절하는 역할을 합니다. 스트레스를 받으면 자율 신경의 균형은 쉽게 깨집니다. 자율 신경을 이루는 교감 신경은 위협적인 상황에서 우리 몸을 지키기 위해 혈관을 좁혀 혈액 순환을 늦추고 체온을 낮춥니다. 체온이 1도 내려갈 때마다 우리 면역 체계는 영향을 받는다고 합니다. 이렇듯 면역력을 지키기 위해 적절한 체온을 유지하는 것이 중요합니다. 그렇다면 체온을 높이기 위해선 어떻게 해야 할까요?

한 연구에 따르면 행복과 관련된 단어를 볼 때 실험자들의 체온은 골고루 높아졌고, 우울함에 관련한 단어를 볼 때는 체온이 낮아졌다고 합니다. 이렇게 언어는 우리의 감정과 건강을 좌우합니다. 그러니 지금 당장 나를 행복하게 하는 문장을 떠올리며 나의 기분을 좋게 만들어보세요. 꼭 큰돈을 들이지 않아도 내 감정을 행복하게 만들 수 있습니다.

2장

일 잘하는 사람들은
왜 기분이 좋을까?

무슨 일이 일어나도 금방 괜찮아지는 방법

기분을 백퍼센트 컨트롤할 순 없다

저는 클라이언트에게 잠들기 전 '오늘 하루 중 몇 퍼센트나 기분 좋게 보냈는지' 돌아보라고 합니다. 마케터가 그날그날 판매량을 체크하는 것처럼 여러분도 하루 동안 내 기분이 어땠는지를 확인해보세요. 기분은 주관적이기 때문에 정답은 없습니다.

클라이언트들은 '아무리 기분이 좋은 날도 90퍼센트 정도'라고 답합니다. 물론 아무리 행복한 사람일지라도 100퍼센트 완벽하게 행복한 하루를 보냈다고 말하기는 힘들 겁니다. 사회적으로 성공한 사람도 걱정과 불안을 느끼는 건 마찬가지니까요. 이상과 현실 또는 비전과 현실 사이에는 차이가 있게 마련입니다. 게다가 이상과 비전이 현실과 멀수록 공포와 불안은 더 커지는 법입니다.

좋은 기분을 유지하는 3가지 방법

이제부터 좋은 기분을 유지하는 방법을 구체적으로 소개할게요. 그러려면 먼저 '좋은 기분 우선법'을 전반적으로 살펴봐야 합니다.

좋은 기분 우선법은 좋은 기분을 회복하는 기술과 좋은 기분을 북돋는 기술, 그리고 좋은 기분을 계속해서 유지하는 기술, 이렇게 세 가지로 나뉩니다.

78~79쪽에 나오는 표를 봐주세요. 때와 장소에 따라 사용하는 기술은 다릅니다.

괴로운 감정은 빨리 털어버린다

먼저 좋은 기분을 회복하는 기술을 살펴보겠습니다.

기분이 좋지도 나쁘지도 않은 경우를 0으로 봤을 때, 고통스러운 기분을 털어버리고 0으로 만드는 것이 바로 좋은 기분을 회복하는 기술입니다.

특히 직장 내 인간관계에 문제가 생겼을 때나 업무와 집안일에 쫓겨서 정신적으로 여유가 없을 때나 가족에게 짜증이 자주 날 때 사용하면 좋습니다. 구체적으로는 다음과 같은 감정을 느낄 때죠.

'상사한테 호되게 꾸지람을 들어서 자신감을 상실했다.'

'동료의 말투에 화가 난다.'

'업무 태도가 나쁜 후배 때문에 짜증이 난다.'

'후배에게 쓰는 내 말투를 반성하면서 후회했다.'

'일에 쫓겨서 불안하다.'

'오늘은 안 좋은 일만 생겨서 기분이 나쁘다.'

■ 좋은 기분 우선법의 세 가지 기술

	감정 상태 정도 (이미지)	고통스러운 감정	고통의 말
③	10→100	· 불안과 공포를 자주 느낀다 · 감정 기복이 심하다 · 주변 환경이 마음에 들지 않아 화가 난다 · 최선을 다했다는 느낌이 없다 · 정체돼 있는 느낌이 든다 · 내가 진짜 원하는 게 뭔지 모르지만 왠지 불만족스럽다	· "더 잘할 수 있을 텐데 솔직히 그럴 자신이 없어" · "좀 더 최선을 다하고 싶어" · "감정 기복이 너무 심해" · "목표가 너무 높아서 괴로워" · "내 가능성을 믿고 끝까지 도전하고 싶지만 잘 안 돼" 등등
②	1→10	· 인생의 방황과 괴로움 · 하루하루 매너리즘에 빠져 설렘이 없다 · 집중하지 못해서 짜증	· "뭘 위해서 사는 걸까?" · "내가 정말 하고 싶은 건 뭘까?" · "이대로 인생이 끝나는 걸까?" · "타성에 젖어서 살고 있는 것 같아" · "예전처럼 뭔가에 몰두하고 싶어" 등등
①	−10→1	· 환경에 대해서 지금 느끼는 부정적인 감정 (분노, 욕구 불만, 불안, 공포 등등)	· "사람들이 못마땅해서 짜증 나" · "자신이 없어서 답답해" · "환경이 불쾌해" · "시간에 쫓겨서 늘 초조해" · "경제적으로 불안해" 등등

실제 상황 예시	기술명	방법	결과물
· 자주 과거를 회상하며 후회한다 · 감정 기복이 심하다 · 스스로를 믿고 끝까지 도전하고 싶지만 잘 안 되는 것 같다 · 무고르 일상아시 못하면 스스로를 탓한다	좋은 기분을 유지하는 기술	자신의 축으로 살아간다	자기 축으로 살아가기 위해 좋은 습관을 반복한다
· 진짜 내가 하고 싶은 게 뭔지 모른다 · 타성에 젖는다 · 중요한 판단을 내리지 못한다 · 방향성을 잃는다 · 경제적으로 부족함이 없지만 왠지 불만족스럽다 · 운이 안 따르는 것 같다	좋은 기분을 북돋는 기술	진정한 자기 축을 나타낸다	'자기 축'이 뭔지 찾는다 (심지, 미션, 비전)
· 짜증이 가득하다 · 자신감이 없다 · 답답한데 이유를 모르겠다 · 시간에 쫓겨 늘 초조하다 · 돈에 항상 쪼들린다 · 주변 사람들과 자주 부딪친다 · 정신없이 바쁘기만 하다 · 컨디션이 나쁘다	좋은 기분을 회복하는 기술	고통스러운 기분에서 벗어나기	좋은 기분을 회복하는 5가지 스텝을 실행한다

안 좋은 일을 경험하면 우리는 부정적인 감정에 빠져서 상황을 더 나쁘게 만듭니다. 그러므로 지금 당장 고통스러운 기분을 털어버려야 합니다. 물론 지금 처한 환경을 당장 바꿀 수 없을 때가 많습니다. 하지만 일어난 일에 대한 해석은 바꿀 수 있죠.

저는 모든 클라이언트들에게 말합니다. 괴로운 감정이 생기면 뒤에서 언급할 '좋은 기분을 회복하는 5가지 스텝'을 스스로에게 질문하고, 3분 안에 그 감정에서 벗어나라고요. 왜냐하면 스트레스가 지속될 경우 뇌가 제 기능을 못해서 불안장애에 시달릴 수도 있기 때문이죠. 게다가 고통스러운 기분이 계속되면 자신이 고통스러운 기분이라는 것조차 모르게 됩니다. 제가 기분을 좋게 유지하라고 강조하는 이유가 바로 이것 때문입니다. 그래야 질병이나 우울증도 피할 수 있으니까요.

제 지인 중에는 창업한 지 5년이 지났는데 별다른 성과 없이 그럭저럭 지내는 사람이 있습니다. 언뜻 보면 평탄하게 잘 지내는 것처럼 보였는데 알고 보니 그렇지가 않았습니다. 그는 자신의 SNS에 온갖 짜증을 표출하고 있었는데 그 정도가 심했습니다. 주변 사람들이 낌새를 느끼고 도움을 주려고 했지만 그는 모든 조언을 차단해버렸습니다. 스트레스 상황이 5년 넘게 지속되자 불안 장애에 빠지지 않았나 하고 추측할 뿐이죠. 이 사례를 통해서도 알 수 있지만 기분이 안 좋은 상태가 너무 오래되면 질병으로 이어질 수도 있다는 걸 기억해야 합니다.

"말이 쉽지 상황이 안 좋은데 어떻게 기분을 좋게 만들어요. 그렇게 쉬우면 제가 이런 고생을 하겠어요?"

제 말을 듣고 이렇게 말하는 분들도 많을 겁니다. 하지만 인간은 습관의 동물이라는 걸 기억해보세요. 기분도 마찬가지입니다. 좋은 기분은 습관이자 스킬이기도 합니다. 마치 없던 근육을 만드는 것처럼 연습만 꾸준히 해도 좋은 기분을 만들 수 있습니다. 익숙해지느냐 익숙해지지 못하느냐의 차이가 있을 뿐입니다.

능력자일수록 자기 기분을 정확히 파악한다

회사에서 일을 할 때 기분이 나쁘면 될 일도 안 되는 경우가 꽤 있습니다. 특히 상사나 사장님이 기분이 나쁠 때는 그 에너지가 모든 회사 사람들에게 전달됩니다. 그래서 일의 내용도 중요하지만 일할 때 기분이 어떤지도 정말 중요합니다.

저는 많은 클라이언트들과 함께하면서 큰 성과를 내는 사람일수록 자신의 기분과 컨디션이 어떤 상태인지를 빠르게 파악한다는 점을 발견했습니다. 이런 분들은 답답하다고 느끼기 전에 정신을 가다듬고 왜 기분이 나쁜지 스스로 인식합니다.

한 유명 대기업 경영팀에서 일하는 클라이언트의 사례를 보여드릴게요.

클라이언트 : "아, 오늘 너무 피곤하네요……."

나 :　　　　"왜요? 무슨 일 있었어요?"

클라이언트 : "상무님께 설명하느라 진을 뺐더니 그런가 봐요. 결재를 올렸는데 담당 부장님과 얘기하라고 하더라고요. 일

부러 빨리 처리하려고 곧바로 상무님께 보고한 건데 제

예상이 빗나갔어요."

나 : "아, 그래요?"

클라이언트 : "네, 그래서 이렇게 힘든가? 어쩌면 부장님을 배신한

것 같아서 그럴지도 모르겠어요. 저는 그냥 빨리 처리

하려고 상무님께 보고드렸던 것뿐인데……."

나 : "그렇게 느끼는 특별한 이유가 있을까요?"

클라이언트 : "아…… 왜 그런지 알았어요. 부장님께서 저한테 불쾌

감만 나타내고 다른 말씀을 안 하시니까 어떻게 해야

할지 몰랐던 것 같아요. 제가 왜 힘든지 이제 알겠어요.

내일 출근하자마자 부장님과 얼굴 보고 얘기해볼래요."

저는 "아, 그래요?"라는 말밖에 안 했는데도 그는 왜 지금

자신의 상태가 안 좋아진 건지 스스로 분석하더군요. 게다가

그는 자신의 건강 상태 변화도 빠르게 감지했습니다. 이분은

매출 5000억 원 기업의 전략 컨설팅을 하는 능력자입니다.

여러 해 동안 다양한 클라이언트를 경험하면서 제가 느낀 건

회사에서 능력자일수록 자신의 기분과 건강 상태를 잘 파악

한다는 것입니다.

좋은 기분을 회복하는 5가지 스텝

이제부터 좋은 기분을 회복하기 위해서 구체적으로 어떻게 해야 하는지 5가지 스텝으로 자세하게 설명할게요. 누구나 한 번쯤 들어봤을 법한 아주 쉬운 방법이라 맥이 빠지는 분도 있을 겁니다. 하지만 알고 있는 것과 실행하는 것에는 큰 차이가 있습니다. 저와 함께한 클라이언트 중 많은 분들이 일상에서 이 방법을 꾸준히 실천해 좋은 기분을 유지하고 있습니다. 언제 어디서나 실천할 수 있으니 여러분도 일상생활에서 꼭 시도해보세요.

스텝❶ '지금 기분이 어때?'라고 자신에게 묻는다

출퇴근길 지하철 안, 업무를 시작하기 전, 회의가 끝난 후, 화장실 안, 잠들기 전 등 다양한 상황에서 내 기분이 어떤지 스스로에게 물어보고 그 감정을 있는 그대로 느껴보세요. 이것이 좋은 기분 우선법을 실천하기 위한 첫걸음입니다. 스스로에게 질문하지 않으면 다음 스텝을 진행할 수 없습니다. 그만큼 아주 중요합니다.

제 클라이언트 중에 대기업에서 관리직으로 일하는 분이 있습니다. 그분은 업무 능력이 뛰어나서 부서 안팎으로 높은 평가를 받았습니다. 카운슬링 자격증도 취득한 걸 보면 업무 이외의 능력도 꽤 뛰어난 것 같았습니다. 그런데 상사나 동료가 업무를 소홀히 하는 걸 보면 자주 분노에 휩싸인다고 했습니다. 특히 회의를 할 때 상사와 감정적으로 자주 부딪친다고 덧붙였죠. 저는 클라이언트에게 먼저 '냉정하게' '감정'에 집중해보라고 했습니다.

나 : "지금 기분이 어떠세요?"

클라이언트 : "하루하루가 지옥 같아요. 일 때문에 몸도 마음도 지쳐서 주말에는 아무것도 안 하고 계속 잠만 자요. 월요일이 안 왔으면 좋겠어요······."

클라이언트는 저에게 마음을 털어놓는 것만으로도 고통이 줄어든 것 같다고 했습니다. 그리고 저와 대화를 하면서 애써 무시했던 괴로운 감정이 계속된다는 것을 깨달았습니다. 이것만으로도 주목할 만한 성과라고 할 수 있습니다.

자신의 기분을 직시하는 것이 무엇보다 가장 중요합니다.

자기 기분을 들여다보지 않고 다른 생각이나 행동을 하는 것은 전화벨이 울리는데도 전화를 받지 않는 것과 같습니다. 감정은 사라지지 않고 또다시 살아납니다. 전화를 받지 않을 때 발신자가 다시 전화를 거는 경우와 비슷합니다. 지금 느끼는 감정은 우리에게 어떻게 행동해야 할지를 알려줍니다. '지금 위험해', '지금 하고 있는 건 옳지 않아', '일단 그 일은 그만두는 게 좋아'라고 알려주고 있습니다. 전화벨이 울리면 피하지 말고 일단 전화를 받아보세요.

그리고 지금 어떤 기분인지 스스로에게 물어보고 느낌을 노트에 그대로 적어보세요. 자기 기분이 어떤지를 깨닫고 노트에 적는 것만으로도 마음이 편안해지는 걸 느낄 수 있을 겁니다. 만약 기분이 좋다면 그 감정을 그대로 느끼고 그 감정으로 있을 수 있다는 것에 감사하면 됩니다. 여기까지 해봤는데도 고통스러운 느낌이 계속된다면 지금 심호흡을 한 번 하고 다음 스텝으로 이동해보세요.

스텝❷ '왜 괴로운가?' 그 원인을 찾는다

성과와 행동, 전략과 계획은 기분에 따라 달라집니다. 즉 성과는 기분에 달려 있습니다. 그렇다면 기분은 무엇에 영향을 받을까요? 바로 사람들이 옳다고 믿는 생각, 즉 착각과 고정관념에 엄청난 영향을 받습니다.

기쁘다, 슬프다는 감정 역시 마찬가지입니다. 내가 기쁘다 혹은 슬프다고 믿고 있기 때문에 그런 감정을 느끼기도 합니다. 부정적인 단어로 표현하면 이것이 바로 착각이자 고정관념입니다. 이런 생각의 깊은 곳에는 자신의 축이 되는 가치관이 뿌리 깊이 박혀 있습니다,

나무로 예를 들어 설명해볼게요. 뿌리가 튼튼한 나무에는 줄기와 가지가 잘 자랍니다. 또 튼튼한 가지가 받쳐줘야 꽃이 피고 열매가 납니다. 인간도 이런 나무와 같습니다. 자기 축이 튼튼해야 좋은 기분과 에너지로 성과를 낼 수 있습니다.

만약 자신이 고통스러운 기분을 느낀다면 '고통스러운 기분은 왜 생긴 걸까?'라고 자신에게 물어보세요. 그 질문을 통해 그 감정이 생기는 원인, 즉 착각과 고정관념을 깨달을 수 있습니다. 앞에서 언급한 대기업 관리직 클라이언트와 나눈 이야기를 조금 더 해보겠습니다.

> **나 :** "그 상사한테 왜 짜증이 났는지 말씀해주실래요?"
>
> **클라이언트 :** "현장 실무 경험도 없으면서 다 아는 것처럼 지시를 내

리잖아요. 이제 더 이상 못 참겠어요. 게다가 진짜 불성

실해요."

나 : "아, 그래요? 근데 왜 그렇게 지시 내리는 걸 못 참는 걸

까요? 주위 사람들도 다 같이 화를 내나요?"

클라이언트 : "……저를 얕보는 것 같아서요……. 그러고 보니 주위

사람들은 화를 안 내는데요. 근데 왜 나만 짜증 내는 거

지……? 아하! 나한테 문제가 있는 거구나. 좀 억울하긴

한데……, 제 자존심이 그렇게 만드는 것 같아요."

이 클라이언트는 상사가 자신의 자존심을 건드렸다고 착
각해서 괴로워했습니다. 상사가 실무 경험이 없다는 것이나
다 아는 것처럼 지시를 내리는 것은 이분이 화를 내는 직접적
인 원인이 아닌 거죠. 이분이 화가 나는 진짜 이유는 상사가
자신의 자존심을 건드렸다고 과잉 해석하는 자기 자신입니
다. 바로 이 진짜 원인을 파악하는 것이 두 번째 스텝입니다.

스텝❸ '왜 계속 착각에 빠져 있는가?' 그 이유를 찾는다

클라이언트 대부분이 가장 어려워하는 스텝입니다. 이제
지금까지 고수했던 자신의 '상식'이 착각이라는 걸 깨닫기

■ 좋은 기분 우선법 개념도

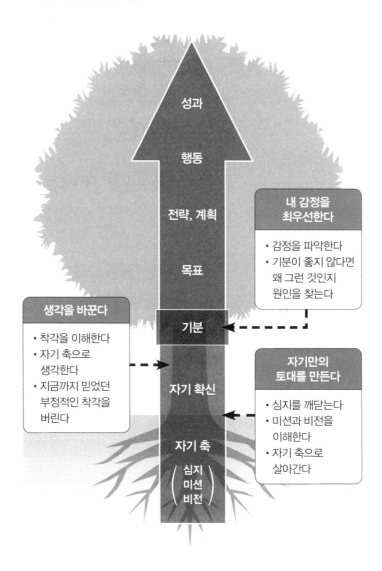

성과

행동

전략, 계획

목표

내 감정을 최우선한다

• 감정을 파악한다
• 기분이 좋지 않다면 왜 그런 것인지 원인을 찾는다

생각을 바꾼다

• 착각을 이해한다
• 자기 축으로 생각한다
• 지금까지 믿었던 부정적인 착각을 버린다

기분

자기 확신

자기만의 토대를 만든다

• 심지를 깨닫는다
• 미션과 비전을 이해한다
• 자기 축으로 살아간다

자기 축

(심지
미션
비전)

위해 스스로에게 적절한 질문을 해보는 겁니다.

앞에서 언급한 클라이언트와의 대화를 조금 더 보여드리 겠습니다. 여기서 중요한 것은 자신의 기분을 최우선으로 하고 있는지 다시 한번 점검해보는 겁니다.

> 나 : "다시 한번 질문할게요. 행복한 감정을 1000억에 산다는 사람이 나타난다면 그 사람한테 행복한 감정을 팔 건가요?"
>
> 클라이언트 : "아뇨, 안 팔래요(웃음)."
>
> 나 : "그래요. 행복은 1000억과 바꿀 수 없을 정도로 소중한 거잖아요. 그런데 짜증을 내면서 상사를 싫어하는 이유가 뭘까요?"
>
> 클라이언트 : "음…… 아마 상사한테 인정받지 못한다고 생각해서 그런 거 아닐까요……? (눈을 크게 뜨며) 아, 이제 알겠어요! 사람들을 볼 때 이 사람이 나보다 위인지 아래인지 판단했던 것 같아요. 와, 나 진짜 최악이네(웃음)!"

착각은 욕구를 채우기 위해 만들어낸 것입니다. 매슬로의 동기 이론에 따르면 우리에겐 생리 욕구, 안전 욕구, 소속감과 애정 욕구, 존중 욕구, 자기실현 욕구가 있습니다. 이 중 하나 또는 여러 개를 충족하는 과정에서 '착각'이 생깁니다. 이 클라이언트의 경우 존중받고 싶은 욕구가 컸기 때문에 상사에게 인정받지 못한다고 착각한 거죠.

물론 이 사람만 이러는 건 아닙니다. 많은 사람들이 이런 착각을 가진 채로 일하죠. 특히 이 클라이언트의 경우에는 다른 사람들을 지나치게 평가하는 면이 강했습니다. 자신이 성실한 사람이 되고 싶은 열망이 너무 강한 나머지 성실하지 않은 것처럼 보이는 사람을 보면 분노가 끌어 올랐던 겁니다. 그러면서 과도하게 그 사람의 인격까지 함부로 판단하는 거죠.

저도 해외에서 일해보기 전까지는 쉽게 다른 사람들을 제기준에서 판단했습니다. 하지만 이렇게 서로를 판단하게 되면 서로에 대한 불신감만 늘기 때문에 관계가 틀어지고 팀 분위기도 나빠지는 경우가 대부분입니다. 또 내 기분을 좋게 유지하고 업무 효율을 높이기 위해서라도 이러쿵저러쿵 동료를 판단하는 것은 피해야 합니다.

'만약 계속 이대로 산다면 10년 후에 나는 어떻게 될까?'

를 상상한다

고통스러운 감정에서 벗어나게 하려면 어떻게 해야 할까요? 일부러 고통을 맛보게 합니다. 괴로운 감정을 품은 채 살아가면 어떻게 될지 상상해보게끔 하는 거죠.

> 나 : "만약에 말이에요, 이 사람이 나보다 위인지 아래인지, 그것만 생각하면서 계속 짜증 속에서 살면 10년 뒤에 선생님께선 뭘 하고 있을 것 같으세요?"
>
> 클라이언트 : "그때도 지금처럼 똑같이 짜증만 내면서 살 것 같은데요. 아, 생각만 해도 진짜 별로네요. 다른 사람 때문에 제 삶이 좌지우지되다니 너무 한심한데요. 그렇게 상상하니까 10년은커녕 한 달 뒤 제 몸도 마음도 못 버틸 거 같아요."

이렇게 생각하는 단계에 이르면 마침내 짜증과 결별해야겠다는 각오를 다지게 됩니다. 여기까지 해냈다면 이미 좋은 기분 우선법을 실천한 거나 다름없습니다.

스텝⑤ 관점을 바꾼다

마지막 스텝에서는 좋은 기분을 되찾기 위해 관점을 바꿔보겠습니다. 이 개념을 확실히 이해하면 감정 상태가 망가질 일이 별로 없습니다.

나 : "사람들을 볼 때 이 사람이 나보다 위인지, 아래인지를 판단하지 않게 되면 기분이 좋아실까요? 어떻게 해야 좋은 기분을 유지할 수 있을까요?"

클라이언트 : "다른 사람과 저를 비교하는 걸 그만둘게요. 근데 어쩔 수 없이 비교하게 돼요……."

나 : "그렇긴 하죠. 구체적으로 다른 사람과 자신의 어떤 점을 비교하는 거예요?"

클라이언트 : "저보다 일을 잘하는지 못하는지를요."

나 : "일을 잘하는지 못하는지 비교하는 게 왜 짜증으로 이어질까요?"

클라이언트 : "그러게요. 잘하는지 못하는지 비교하는 것 자체는 문제가 없는 것 같은데……. 위인지 아래인지로 판단하지 않으면 될까요? 그럼 앞으로는 안 할게요. 저 결심했어요!"

■ 좋은 기분을 회복하는 5가지 스텝

스텝❶	'지금 기분이 어때?'라고 자신에게 묻는다
스텝❷	'왜 괴로운가?' 그 원인을 찾는다
스텝❸	'왜 계속 착각에 빠져 있는가?' 그 이유를 찾는다
스텝❹	'만약 계속 이대로 산다면 10년 후에 나는 어떻게 될까?'를 상상한다
스텝❺	관점을 바꾼다

나 :   "맞아요. 다른 사람이랑 비교하는 건 괜찮아요. 비교하지 않으면 자신이 뭘 잘하고 뭘 못하는지도 모르니까요. 하지만 본인보다 상대방이 위인지 아래인지를 판단하는 건 불필요해요. 앞으로 상사랑 일할 때 어떻게 대하는 게 좋을까요?"

클라이언트 : "위아래로 판단하는 건 그만하고 덤덤하게 업무에 집중해야겠어요. 상대방 때문에 제 기분만 나빠지면 저한테 하나도 좋을 게 없으니까요."

며칠 후 클라이언트에게 연락이 왔습니다. 신기하게도 덤덤하게 상사를 대했더니 상사의 태도도 좋아졌다고 하더군요. 아마도 그의 좋은 감정 상태가 상사에게 그대로 전달된 거겠죠. 다시 한번 강조하지만 좋든 나쁘든 기분은 주변 사람들을 전염시킵니다.

※ 실행 시 주의일 심

좋은 기분을 회복할 때 주의할 것이 있습니다. 바로 안이하게 괴로운 감정을 무시해서는 안 된다는 것입니다. 뇌는 위험을 감지하고 우리에게 불안함을 느끼게 합니다. 위험을 피하라고 알려주는 것이죠. 그러므로 좋든 나쁘든 감정을 잘 들여다봐야 합니다. 만약 기분이 나쁘고 괴롭다면 그 감정을 피하지 말고 잘 살펴보세요. 몸도 마음도 건강하기 위해선 내 감정을 잘 들여다봐야 합니다. 괴로운 감정을 무시하고 그 위에 긍정적인 사고를 덧칠하면 몸과 마음의 병으로 나타날 수 있습니다.

다툼을 피하는 마법의 문장

좋은 기분 우선법 연장선으로 다툼을 피하는 간단하고도 강력한 한마디를 알려드릴게요. 앞에서 언급한 클라이언트와 세션을 진행할 때 이 한마디를 덧붙여보라고 이야기했는데, 엄청난 효과를 봤다고 합니다.

"만약 제가 틀렸다면 바로 말씀해주세요."

이 말 한마디는 상대방을 무장 해제시킵니다. 복싱으로 비유하자면 기본 방어 자세인 '가드'를 내려놓게 됩니다. 내가 가드를 내리면 상대방도 자연스럽게 가드를 내립니다. 애초에 회의실은 경기장이 아닙니다. 상대방과 논쟁을 하고 이기기 위해 회의하는 게 아니라는 말이죠.

이 문장은 상사든 부하 직원이든 누가 써도 효과가 있는데, 특히 상사가 이 말을 하게 되면 엄청난 효과를 발휘하므로 꼭 한번 써보세요.

어떤 일에서도 대응할 수 있는 만능 문장, 감사합니다

성공한 사람들은 공통적으로 '감사하는 마음을 가져야 한다'고 말합니다. 제 주변에 성공한 분들도 항상 감사하는 마음을 소중히 여기더군요. 이런 분들은 감정 상태가 좋기 때문에 주변에 사람이 많습니다. 그러니 여러분도 눈앞에 벌어진 일에 대해 감사하는 마음을 가져보세요. 진심으로 감사하지 않더라도 일단 말해보세요. 여기서 포인트는 '말로 표현하는 것'입니다.

'감사합니다'라는 말은 어떤 일에도 대응할 수 있는 특별한 문장입니다. 모든 일을 당연하지 않다는 전제로 바라보면 감사한 일만 가득합니다. 그리고 다른 사람에게 기대하는 마음도 줄여줍니다. 이렇게 기대감이 없는 상태에서 다른 사람이 뭔가를 해주면 전보다 더 행복을 느끼기 쉬워집니다.

'나는 쓸모없는 인간'이라는 착각

여기에서 착각의 대표적인 예를 하나 소개할게요. 많은 분들이 업무를 하거나 공부를 할 때 스스로를 부족하다고 평가합니다. 이것은 큰 착각입니다. 사람은 자신에게 부족한 부분에만 눈이 가기 마련입니다. 왜냐하면 인간에겐 모자란 부분을 의식하고 부족함을 채워 생존을 유지하는 본능이 있기 때문이죠.

한 클라이언트는 대기업 중역인 아버지한테 '넌 아무짝에도 쓸모없다'는 말을 어린 시절부터 계속해서 들었다더군요. 어린 시절 클라이언트의 마음속에 싹튼 것은 '나는 뭔가 부족한 인간이다'라는 착각이었습니다.

그는 아버지에게 인정받기 위해 학력, 운동신경, 인격 등등 부족하다고 생각하는 것들을 채우려고 필사적으로 노력했습니다. 자기계발을 가장 큰 기쁨으로 여기며 살아왔죠. 그 덕분에 사회적으로 우수한 인재로 평가받기도 했습니다. 하지만 끊임없이 괴로움을 느꼈고 결국 몸도 마음도 모두 지친 상태로 저를 찾아왔습니다. 나중에 MRI 검사를 해보니 뇌신경에 이상이 생겼다는 걸 알게 되었습니다.

이 클라이언트는 '자신의 부족한 점을 채우는 것'을 인생의 원동력으로 삼았습니다. 부족함을 채우기 위한 노력을 성공과 연관 지어 '부족한 것을 채우면 성공한다'고 굳게 믿었습니다. 하지만 성과가 나지 않거나 환경이 바뀌면서 스트레스를 받으면 고통스러워질 때까지 스스로를 괴롭혔습니다. 그러다 보니 몸에 이상 반응까지 생긴 거죠.

이렇게 지나치게 자신의 부족한 점만을 생각하면 자기도 모르는 사이에 기분이 나빠집니다. 그러므로 자신의 단점을 발견했다면 그 깨달음에 감사하며 내 기분이 바닥으로 떨어지지 않게 하는 게 중요해요. 그 점을 꼭 기억해주세요.

내 기분을 먼저 생각하면
해결의 실마리가 보인다

또 다른 클라이언트의 사례를 소개해볼게요. 그는 대기업 경영 간부인 40대 남성인데, 직장에서 소외감을 느낀다며 저를 찾아왔습니다. 그는 다른 사람들이 자신을 능력 없는 사람으로 바라보는 것 같아 신경이 쓰인다고 했습니다.

"그런 감정을 느끼면 너무 괴로우니까 일할 때는 아예 감정이라는 것 자체에 신경을 끄는 거예요. 일부러 느끼지 않도록 하는 거죠."

이렇게 말하는데 너무 힘들어 보이더군요. 저는 그에게 회사를 그만두는 방법도 있다고 말해줬습니다. 그러고 나서 지금처럼 그대로 회사 생활을 하고 싶은지, 만약에 지금 상태로 계속 있으면 어떤 미래가 기다리고 있을지, 회사에서 즐거운 기분을 유지하기 위해서는 무엇을 버려야 하는지 등에 대해 의논했죠. 그러자 그는 '주위 사람들의 시선과 평가'를 버려야 한다는 걸 마침내 깨달았습니다. 자신이 괴로운 이유는 혼자 멋대로 착각했기 때문이라는 것도 이해했죠.

그 후 그는 이직해도 상관없다는 마음으로 더 이상 참지 않고 하고 싶은 말을 동료들에게 하기 시작했습니다. 주변의 시선이나 평가보다 자신의 기분을 우선한 거죠. 수개월 후, 이직을 결정하고 사표를 제출한 그에게 회사는 연봉 인상을 제안했다고 합니다. 이렇게 내가 어떤 환경에 처해 있든 내 기분을 우선하면 문제 해결의 실마리는 보일 겁니다.

과거와 미래에 대한 집착 버리기

결정은 기분을 좋게 해줍니다. 뭔가를 결정하는 행위는 여러 가지 선택지 중에 하나를 고름으로써 망설임을 없애주기 때문이죠. 하지만 결정할 수 없을 때는 불안을 느낍니다. 이러지도 저러지도 못하는 상태이기 때문입니다. 불안이나 공포는 현재가 아니라 과거나 미래를 떠올릴 때 생깁니다. 과거에 비추어 미래를 상상할 때 불안은 더욱더 커지죠. 그렇다면 불안과 공포를 없애기 위해서는 어떻게 해야 할까요? 바로 과거나 미래를 떠올리는 시간을 줄이면 됩니다. 일어난 상황에 대해 단호하게 결정한 다음 과거와 미래가 아닌 현재로 에너지의 방향을 바꿔보세요. 지금 내 상황에 집중해보는 겁니다. 그렇게 집중하다 보면 불안과 공포는 자연스럽게 사라질 것입니다.

여러분 주변에 주어진 일을 척척 진행하고 좋은 성과를 내는 사람이 한 명쯤은 있을 겁니다. 그 사람을 한번 떠올려보세요. 대체로 기분이 좋아 보이지 않나요? 이런 유형의 사람은 어떤 일이든 미루지 않고 속전속결로 처리합니다. 일단 결정한 다음 어떻게 할지 생각하면서 눈앞에 있는 일에 집중하므로 잡념을 떠올릴 겨를이 없습니다. 자연스럽게 기분이 좋아지는 거죠. 그러니 어떤 것이든 미루지 말고 결정하고 선택하는 연습을 해보세요. 그리고 한번 마음먹은 일은 꾸준히 행동해보세요. 만약 결정을 내리고도 답답한 마음이 든다면 결정과 내 마음이 일치하지 않는 것이니 그 결정이 정말로 자신이 하고 싶은 일인지 다시 한번 점검해보세요.

지금 눈앞에 있는 것에 집중하면 기분은 저절로 좋아진다

동물의 뇌에는 스트레스 호르몬이 분비되고 있습니다. 다른 생물이 공격할 때 위기를 감지하고 쏜살같이 도망치기 위해서죠. 그렇다면 우리 인간은 무엇에 공포를 느낄까요? 주로 이상과 현실의 차이를 절감할 때, 마감일에 맞춰 일이 진행되지 않을 때, 미래를 상상할 때 공포를 느끼지 않을까요? 혹은 과거에 겪었던 상처가 되살아날 때, 과거 자신의 행동을 후회할 때, 원하는 걸 얻지 못해서 무력감을 느낄 때 공포가 심해지는 경우도 있을 겁니다.

여기서 잠깐 여러분께 질문해볼게요. 책을 읽거나 키보드를 칠 때 잠깐 딴생각을 한 적이 있나요? 눈앞에 있는 사람과 대화하면서 고개를 끄덕이면서도 딴 데 정신이 팔려서 상대방의 이야기에 집중하지 못한 적은 없나요?

기분이 좋아지는 가장 간단한 방법은 지금 눈앞에 있는 것에 집중하는 것입니다. 미래나 과거에 정신이 팔리면 기분이 좋아질 수가 없습니다. 만약 지금 현재에 집중이 잘 안 된다면 기분이 나아지게 하기 위해서라도 내가 지금 능동적으로 할 수 있는 일을 떠올려보세요. 오늘 하루를 어떻게 보낼지, 어떤 영화를 볼지, 무엇을 먹을지 같은 작은 일도 괜찮습니다. 하다못해 설거지를 하거나 쓰레기통을 비우는 일 등등 몸을 움직여서 할 수 있는 일을 찾아서 해도 기분이 나아집니다.

차분히 생각해보면 우리에게 주어진 것은 '지금'밖에 없습니다. 과거도 미래도 지금의 내가 머릿속에서 만든 해석일 뿐입니다. 참 신기하게도 지금 기분이 좋으면 미래도 멋져 보입니다. 과거 역시 그때가 있었기 때문에 지금 이렇게 살고 있다고 해석합니다. 똑같은 맥락으로 지금 기분이 나쁘면 과거도 미래도 아주 불쾌하고 막연하게 느껴집니다. 그러므로 과거와 미래에 집착하지 마세요. 지금 이 순간 내 기분이 좋아질 수 있도록 눈앞에 있는 일에 집중하면 됩니다.

"눈앞에 있는 경기에만 집중해!!"

저의 모교 간세이가쿠인대학에서 아메리칸 풋볼 팀 선수로 뛸 때 수백 번 들었던 말입니다. 스포츠 세계에서 집중력은 무엇보다 중요합니다. 사실 연습할 때나 시합할 때 선수들도 사람이기 때문에 여러 가지 생각을 합니다.

'상대 선수 몸이 너무 좋은데. 이러다가는 밀리겠는데…….'
'왜 이렇게 긴장이 되지. 오늘 상대 팀은 엄청 기합이 들어갔네…….'
'방금 전 플레이는 마음먹은 대로 안 됐네…….'

이런 생각을 저도 시합할 때 자주 했습니다. 그런데 각오를

단단히 하고 중요한 시합에 나가면 집중력이 엄청나게 높아져서 무의식적으로 몸이 움직이더군요. 정말로 무심결에 말이죠. 나중에 시합에 대한 기억이 전혀 없었던 적도 있습니다. 여러분도 '이것만 하겠다'고 마음먹으면 지금 이 순간에 집중할 수 있습니다. 과거와 미래에 대한 집착을 버리고 현재에 집중하면 내 기분도 좋아지고 성과도 좋아질 겁니다. 처음은 항상 어려운 법이니 계속해서 연습해보세요.

선택지를 줄이면
불안도 스트레스도 줄어든다

앞서 잠깐 언급했는데, 일상생활에서 선택지를 줄이는 것도 중요합니다.

한번은 정체감과 매너리즘을 느낀다는 클라이언트에게 필요 없는 책이나 옷을 버려보라고 권했습니다. 불필요한 물건을 정리해 선택지를 줄이고 집착에서 벗어나보라는 의도였죠. 무엇을 남길지 선택하고 방을 정리한 클라이언트는 세션을 진행하는 동안 좋은 기분을 회복했습니다. 지금은 '아, 그런 흑역사가 있었지!'라고 우스갯소리를 할 정도입니다.

같은 맥락에서 루틴을 만들어 일상생활의 선택지를 좁히면 안정감을 느끼며 불안이나 스트레스, 잡념도 자연스럽게 줄어듭니다. 선택지가 줄어드는 만큼 망설임과 불안이 줄어들고 기분은 더욱 좋아질 겁니다.

리더십은 사람들을 '좋은 기분'으로 이끄는 것

팀 안에서 리더십을 발휘하는 것은 다르게 말하면 팀원들의 기분을 좋게 만드는 것입니다. 스스로의 기분을 진지하게 생각하지 않는 리더는 팀원들의 기분도 헤아리지 않습니다. 리더십을 제대로 발휘하지 못하는 것이죠.

여기서 기분과 리더십이 어떤 관계인지 깊이 이해하기 위해 먼저 리더십과 매니지먼트의 전제가 어떻게 다른지 알아야 합니다.

리더십이란 조직이나 팀의 방향성을 정하고 팀을 이

끄는 것입니다. 즉 사람들을 이끌어서 지금은 없는 세상을 만든다고 할 수 있겠습니다. 키워드는 이끌다(라틴어 lædan이 어원), 창조하다, 변화와 도전, 무엇을 할 것인가(What), 효과 시점, 위험을 감수하다 등입니다. 한편 매니지먼트란 목표나 목적을 달성하기 위해 조직에 필요한 요소를 적절하게 분석하고 관리하면서 집단 활동의 유지와 촉진을 담당하는 것을 말합니다. 즉 지금 있는 것을 어떻게든 조정하고 유지하고 관리하는 것이죠. 키워드는 손(라틴어 manus가 어원), 뭔가를 한다(manage to~), 보전과 관리, 어떻게 할 것인가(How), 효율 시점, 규칙을 지킨다 등입니다.

언뜻 비슷해 보이지만 사실 두 단어가 인간을 바라보는 관점은 전혀 다릅니다. 리더십은 성선설의 관점으로, 매니지먼트는 성악설의 관점으로 사람을 이해합니다. 업무적으로 말하면 사람을 '성실하게 일하는 존재'로 보느냐, '원래 게으름 피우는 존재'로 보느냐로 표현할 수 있겠습니다. 리더십은 사람의 가능성을 믿고 '할 수 있다!'는 전제로 팀원 한 명 한 명의 기분을 고려해 말과 행동으로 사람들을 북돋아줍니다. 업무의 목적과 개인의 가치관이 적절하게 균형을 잡을 수 있도록 살펴야 하죠. 한편 매니지먼트는 사람이 게으름을 피운다는 것을 전제로 규칙을 정해 사람을 관리하고 감독합니다. 조직이 잘 돌아가기 위해서 제도와 규칙을 만듭니다. 개인의 가치관이나 기분은 고려하지 않죠.

진정한 조직 개발은 두 가지 관점을 균형 있게 유지하는 것입니다. 따라서 '팀원 한 명 한 명의 기분을 고려해야 한다'는 전제로 제도와 규칙을 만들고, '직원들의 기분을 좋게 만든다'는 전제로 회사의 방향성을 제시해야 합니다. 만약 현재 회사가 제대로 운영되지 않는 것 같다면 리더십과 매니지먼트가 균형을 이루었는지 한번 점검해보세요. 다시 한번 강조하지만 리더의 역할은 조직을 좋은 분위기로 이끄는 것입니다.

· 3장 ·

진짜 내가 어떤 사람인지
알게 되면
무슨 일이 일어날까?

누구에게나 '진짜 나'를 표현해주는 문장이 있다

자기 축은 진정한 행복과 목표 달성의 토대

지금까지는 기분 좋게 하루를 보낸다는 게 어떤 뜻인지, 그러기 위해서 눈앞에 있는 일에 어떻게 대처할지에 대해 이야기했습니다.

다시 한번 말하지만 인간은 의식적이든 무의식적이든 매일 외부 세계로부터 다양한 정보를 입수하고, 그때마다 반응하면서 살아가고 있습니다. 안전하게 살아가려면 어떻게든 들어오는 정보를 해석하고 적절한 반응을 해야 합니다. 그래서 뇌는 애초에 정보에 반응하게끔 설계돼 있습니다.

그런데 여기에 반응만 하면서 살다 보면 자칫 진짜 행복을 느끼기 어려워질 수 있습니다. 나의 목표를 달성하기 위해서가 아니라 벌어지는 일에 대해 반응하는 데 에너지를 소모하기 때문이죠. 극단적인 예를 들자면 스트레스를 받았을 때 오랫동안 게임을 하거나 좋아하는 아이스크림을 시도 때도 없이 먹거나 유튜브를 끊임없이 보는 행위 등등이 있습니다. 이런 행위는 호르몬을 조절해 스트레스를 잠깐 해소해주는 임시방편일 뿐입니다. 즉 스트레스에 대한 반응일 뿐이죠. 나의 행복에 기여하거나 내 인생의 목표를 지향하기 위한 활동이 아니라는 말입니다.

SNS에 글을 올리는 것도 마찬가지입니다. 단지 SNS에 글을 올리기 위해서 어딘가에 가고 누군가와 만나는 사람이 있습니다. 그러느라 자신의 귀중한 시간을 쪼개서 쓰는 거죠. 이것은 외부 세계, 다시 말해 타인에게 어떻게 보일지를 의식한 행동입니다.

'다른 사람이 나를 어떻게 생각하는가?'

이런 삶의 기준은 업무상 필요할 수도 있습니다. 하지만 개인의 삶에서는 불필요합니다. 그것에만 신경 쓰느라 자신이 원하는 진정한 기쁨을 얻지 못할 수도 있으니까요. 2장에서 말씀드린 '좋은 기분을 회복하는 5가지 스텝'은 외부 자극에 대처하는 법을 알려준다는 의미에서 정말 중요합니다. 이번 장에서는 그와는 정반대로 '원래 타고난 대로 살면서 기분을 북돋는 기술'을 소개할게요. 이 기분을 북돋기 위해서는 '진짜 자신'을 기쁘게 해야 하죠. 따라서 모든 순간에 자신이 진정으로 바라는 대로 행동해야 합니다. 앞에서도 이야기했지만 '매일매일 행복한 기분을 유지하는 것'과 '목표 달성'은 트레이드오프 관계가 아닙니다. 그리고 두 가지를 동시에 실현하려면 진짜 자신이 즐거워야 합니다. 즉, 자신의 본질을 이해해야 하죠.

나답게 살기 위한 도구, 자기 축

앞에서 '진짜 자신'이라고 표현했는데, 지금부터는 이것을

'자기 축'이라고 부를게요. 진짜 자신이 판단 기준입니다. 여기서 말하는 '진짜 자신'이 도대체 누구인지를 이해한다면 뭘 해야 내가 '정말로' 기분 좋을 수 있는지 알 수 있습니다.

'진짜 나는 누구인가?'

여러분은 진짜 자신이 누군지 혹시 알고 있나요? 말이나 글로 나를 표현할 수 있나요? 아마도 명확하게 정의할 수 있는 사람은 아주 적지 않을까요?

'그런 건 없다'고 하는 분도 있을 것 같습니다. 저 또한 예전에 목표 달성 지상주의에 빠져 있을 때였다면 "그런 거 생각할 시간에 군소리 말고 일이나 해!"라고 했을 겁니다(웃음). 그런데 세션을 통해서 자기 축을 언어화할 수 있게 된 클라이언트에게 다음과 같은 말을 많이 듣습니다.

"진짜 자신을 언어화한다는 게 이렇게 중요하네요. 모든 일의 판단 기준이 '진짜 나'인 거잖아요."

"항상 제가 하는 말에서 힘을 받고 있어요."

"지금까지 느꼈던 답답함이 모두 사라져서 마음이 정말로 홀가분해요."

"좀 더 빨리 알았더라면 좋았을 텐데!"

자기 축은 자신이 정말 진심으로 중요시하는 평생의 지침입니다. 여기서 방점은 '정말'에 있습니다. 거짓된 착각에 사로잡히지 않고 자신의 마음이 추구하는 가치관입니다. 같은 말로는 좌우명이 있습니다. 여기서는 '심지', '미션', '비전'이라는 세 가지 단어로 자기 축을 설명하겠습니다. 제가 이렇게 세 가지로 표현한 이유는 좌우명 한 문장으로는 '나'라는 존재를 정의할 수 없기 때문입니다. '누가', '무엇을 해서', '어디에 다다른다'처럼 세 가지로 자세히 언어화하면 자신을 능동적으로 파악할 수 있죠.

- **심지란** '나는 누구인가?'에 대한 대답입니다. 이제 막 세상에 나올 준비를 하는 태아 때부터 이미 가지고 있는 순수한 마음이죠. 경험 등에 따라 후천적으로 완성된 자신은 완전히 배제합니다.
- **미션이란** '사명' 즉 '목숨을 걸고 무엇을 계속할 것인가?'입니다. 여기에는 인생 경험과 사회에 대한 공헌의 요소

가 잔뜩 포함됩니다.

- **비전이란** '숨이 끊어질 때 보이는 세계(완수한 세계)'입니다. 미션과 마찬가지로 비전 또한 사회 기여도를 포함합니다. 특히 비전에서 인생의 목표가 어느 정도 크기였는지 명확히 나타납니다.

항해로 예를 들면 심지는 배, 미션은 나침반, 비전은 목적지입니다.

나이가 들수록 여러 가지 변화가 생기기 마련입니다. 하지만 자기 축은 한 번 표현하면 크게 변하지 않습니다. 어떤 환경에서도 항상 그렇게 지속되죠. 그래서 자기 축으로 살아가면 좋은 기분을 유지할 수 있습니다. 앞서 알려드린 "이것만 하면 괜찮다!"고 말하며 집중할 때의 판단 기준이 바로 자기 축입니다. 다른 누구도 아닌 내가 나를 표현하고, 내가 나답게 살아가기 위한 '자기 축'이 되는 거죠.

왜 자기 축을 언어화해야 할까?

다시 한번 강조하지만 자기 축을 표현하는 것은 자신이 누구인지, 평생 무엇을 계속할지, 인생의 마지막에 무엇을 얻을지를 스스로 정의하는 숭고한 작업입니다. 덧붙이자면 심지부터 미션, 비전 순으로 만들어갑니다.

가장 먼저 심지를 정의해야 하는데 그러지 않은 채 미션과 비전을 정의하는 경우가 꽤 흔합니다. 그렇다면 왜 심지를 먼저 정의해야 할까요? 바로 '왜 이 미션으로 정했을까?', '왜 이 비전인가?'를 파고들다 보면 결국 '나는 누구인가?'에 대한 답이 나오기 때문입니다. 모든 게 한 문장 속에 두서없이 배어들어 머릿속에서 상상하기 어려울 만큼 복잡하고 장황해지는 경우도 있습니다. 이것도 세 가지를 한데 묶어 언어화하면 해소할 수 있습니다.

여기서 주의해야 할 점은 사랑, 감사, 공헌 같은 주변에 대한 배려가 들어 있지 않은 자기 축은 에너지가 약하기 때문에 기분을 충분히 북돋울 수 없다는 것입니다. 제 클라이언트 중에 '나는 사랑, 감사, 공헌을 하지 않는 것 같다'고 생각하는 사람이 있었습니다. 그런데 정확하게 말하면 주변을 배려하는 마음이 없는 게 아니라 기분이 가라앉아 있기 때문입니다. 아니면 자신이 과거에 했던 체험에서 비롯된 착각(주변에 대한 불신감) 때문에 감지하기 어려운 상황일 수도 있겠죠. 그도 자기 축을 표현하는 과정에서 스스로가 이미 '사랑, 감사, 공헌'을 하고 있다는 걸 깨닫게 되었고 그러자 기분이 좋아졌습니다. 직원들과는 몰라볼 정도로 사이가 좋아졌고, 회사를 그만두지도 않았습니다.

다른 사람이 어떻게 생각하든 내 기분을 제일 먼저 생각한다

다음은 한 30대 IT 기업 경영자가 쓴 자기 축입니다. 내용에 대해서는 자세히 설명하지 않을게요. 자기 축은 이렇게 언어화해야 합니다. 이 표를 보자마자 어떤 생각이 드나요?

공감하는 사람도 있고 공감하지 못하는 사람도 있을 겁니다. 사실 자기 축은 다른 사람이 봤을 때는 가슴이 뭉클하지

■ 케이스 스터디: 30대 IT 기업 경영자의 자기 축

심지	나는 성장하는 모습을 보면 마음이 설레는 사람이다 · 성장이란 자신의 신념에 따라 행동하고 그 행동으로 변화하는 것이다 · 성장은 그 자체로 숨 쉬는 것처럼 자연스러운 것이다 · 나뿐만 아니라 주위 사람, 사업, 자연 등 성장하는 모든 것을 보면 마음이 설렌다
미션	'도전하는 사람이 정당하게 보상받는 사회를 만드는 것'이 내 삶의 목적이다 · 정당하다는 것은 개개인이 최대한 성장할 수 있게 만드는 것이다 · 사람들에게 올바르게 노력하는 법을 가르쳐주고 싶다 · 맡은 일에 최선을 다했는데 보상받지 못해 허무함을 느꼈던 적이 있다(중학생 때 동아리 활동을 했는데 올바른 방법을 몰라서 힘들었다) · 회사 미션에 장래성이 있는 기술을 개발하고 올바르게 보급한다는 내용이 포함됐으면 좋겠다
비전	모두가 정당하게 보상받는 세상이 되면 좋겠다 · 보상을 받는다는 것은 한 사람 한 사람이 되도록 정당한 평가를 받는 것이다 · 올바르게 성장했다는 증거이다 · 노력하면 보상받는 사회를 만든다 · 나와 관계된 모든 사람이 성장하는 모습을 끝까지 지켜보고 싶다 · 많은 동료에게 둘러싸여 있기를 바란다

■ 자기 축의 위치 설정

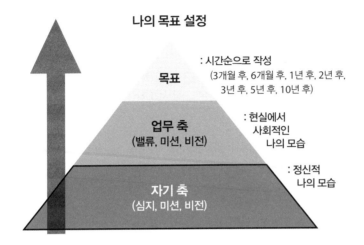

나의 목표 설정

목표
: 시간순으로 작성
(3개월 후, 6개월 후, 1년 후, 2년 후,
3년 후, 5년 후, 10년 후)

업무 축
(밸류, 미션, 비전)
: 현실에서
사회적인
나의 모습

자기 축
(심지, 미션, 비전)
: 정신적
나의 모습

않을 수도 있습니다. 하지만 본인에게는 아주 소중합니다. 자신의 인생을 그대로 드러내는 것이니까요. 이 표 안에 들어 있는 단어 하나하나에는 이 클라이언트의 배경과 정신이 깃들어 있습니다.

그는 저와 두 시간씩 세션을 여섯 번 하면서 두 달 동안 자기 축을 작성했습니다. 그 후 이것이 '진짜 자신'이라고 확신하고 매일매일 기분을 북돋우면서 살고 있습니다. 만약 이 사례처럼 진짜 나로 살아갈 수 있다면 인생은 달라지기 시작할 겁니다.

직원으로 일하는 사람의 경우에는 소속 회사의 미션, 비전 또는 직장에서 자신의 역할과 자기 축이 교차하는 미션, 비전을 작성합니다. 다만 어떤 경우에도 개인의 자기 축이 토대가 됩니다.

회사의 밸류, 미션, 비전과 달리 개인의 자기 축은 자기 마음속에 담아두는 걸 대전제로 합니다. 물론 공개하고 싶으면 공개해도 됩니다. 다만 정신에 가까운 언어이기 때문에 너무나 추상적이라 다른 사람에게 설명하기 어려운 점도 많습니다. 자기 축은 인생의 토대를 나타내므로 일, 가정, 커뮤니티 등 모든 것에 자신을 포함하도록 추상적이고 포괄적인 언어를 사용해도 좋습니다. 자기 내면에서 모든 언어의 배경을 이해하고 이미지를 떠올리며 연관된 감정이 솟아오르면 됩니다. 힘을 들여 구체적인 고유명사나 비즈니스 용어를 사용하지 않아도 괜찮습니다.

자기 축은 운영체제,
사회적 역할은 애플리케이션

자기 축을 이미 가지고 있는 클라이언트에게 가끔 이런 말을 듣습니다.

> "자기 축이 있긴 한데 실제로 일할 때는 자기 축으로 살아가기 어렵던데요."

자기 축은 자기 내면(정신)에서 느끼는 감각을 언어로 최대한 표현해서 정의한 추상적인 문장입니다. 한편 현실에서는 사회적 역할이 늘 존재하므로 자기 축을 현실에 맞추어 바꾸는 게 좋습니다. 이를테면 '일할 때의 자기 축'을 정하는 거죠. 제 자기 축을 예로 들어볼게요.

심지 : 나는 사랑과 열정이 넘치는 남자다.
미션 : 사람들의 마음에 폭발적인 힘을 불러일으켜서 그 에너지를 세상에 퍼뜨리고 싶다.

비전: 이 세상 모든 것이 사랑과 열정으로 채워졌으면 좋겠다. 뜨거운 마음으로 사람들이 어울리는 세상이었으면 좋겠다.

너무나 추상적이죠.
그렇다면 사회생활을 할 때 자기 축은 어떨까요?

미션: 몸과 마음을 바쳐 세션을 진행하고 사람들이 인생에 변화를 주고 싶다.

비전: 행복이 넘치는 세상이 되었으면 좋겠다.

개인적 자기 축과 사회적 자기 축은 일관성을 유지하지만 조금 다릅니다. 회사에서 자기 축과 동떨어지는 일을 하는 것 같아서 위화감을 느끼는 분도 꽤 있더군요. 저도 경험했기 때문에 그 마음도 충분히 이해합니다. 예전에 저는 해외 자회사 구조 조정에 관여한 적이 있는데 그때 너무나 괴로웠습니다. 제가 중요시하던 '사람을 소중히 여기는 가치관'과 구조 조정 사이에서 엄청난 모순을 느꼈거든요.

자기 축이 없었던 탓에 무엇이 진짜 나고 무엇이 역할인지가 뒤섞여버렸습니다. 스스로를 사랑이 없는 비정한 남자로

개별 기능	할일 할일 할일 할일 할일 할일 할일 할일 할일 할일 할일 할일 할일 할일 할일 할일 할일 할일 할일 할일		
애플리케이션	역할 역할 역할 역할 역할 역할 역할 역할 역할 역할 역할 역할		
미들웨어*	회사에서 일하는 나 (회사의 이념, 미션, 비전)	가족 구성원인 나 (가족과의 모습)	취미를 즐기는 나 (본래의 나)
운영체제	자기 축 (심지, 미션, 비전)		

생각했죠. 역할이 제 자신을 침식한 겁니다. 그때 제가 심지를 확신했다면 다음과 같이 상황을 파악한 후 역할에 충실했을 테죠.

'나는 사랑과 열정이 넘치는 남자다. 그러니까 더 많은 직원들의 미래를 지키려면 구조 조정을 해야 한다.'

'퇴직 대상자들이 충분히 지금 상황을 이해한 후 그만둘 수 있게 힘

*—— 서로 다른 기종의 하드웨어나 프로토콜, 통신 환경 등을 연결하며 원만한 통신이 이루어질 수 있게 하는 소프트웨어

쓴다.'

회사와 가정, 커뮤니티에 따라 우리의 입장과 역할과 업무 내용이 다릅니다. 그 관계를 확실히 알아두면 자신의 정체성은 흔들리지 않습니다.

컴퓨터에 비유하자면 자기 축이 운영체제, 일과 가정과 취미에서 주요한 역할은 미들웨어, 그에 해당하는 각각의 역할은 엑셀이나 워드 같은 애플리케이션, 각각의 할 일은 애플리케이션의 개별 기능이 아닐까요?

에너지 방향을 '안에서 밖으로' 바꾼다

좋은 기분 우선법 개념에서는 진짜 자신이 소중히 여기는 가치관을 깨닫고 자기 축을 스스로 이해할 수 있도록 언어화합니다. 그리고 이것을 기준으로 생각, 결정, 행동을 합니다. 다른 사람의 관점에서 판단하는 게 아니라 자기 내면에 있는 중심축이 모든 것의 기준이 되는 거죠. 126쪽 그림처럼 에너지

■ 좋은 기분 우선법 개념도

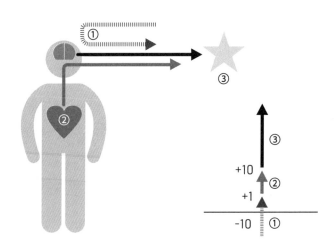

의 방향을 '안에서 밖으로(inside out)'로 바꾸세요.

　'기쁘다, 즐겁다, 슬프다' 같은 우리의 감정은 어떤 기준을 바탕으로 일어나고 있습니다. 그러므로 그 기준이 나의 심지와 가깝다면 언제나 좋은 기분을 유지하며 삶을 풍요롭게 보낼 수 있습니다.

　우리는 왜 고민을 할까요? 외부 자극 즉 예를 들면 정보, 대인 관계, 환경의 좋고 나쁨 등에 영향받기 때문입니다. 외부 자극이 착각을 부르고 그 착각에서 비롯된 감정에 시달리는 거죠. 따라서 기분을 상하게 만드는 착각을 기분을 좋게 만드는 착각(관념)으로 바꿔야 합니다(이 내용은 2장에서 설명했습니다).

자기 확부터 성과까지
모든 걸 일관성 있게 표현하기

89쪽에서 소개했던 나무 그림을 다시 한번 보세요. 기분은 바로 인생의 근간, 원인과 결과를 이어주는 줄기입니다. 나의 신념과 개념을 행동으로 바꾸려면 내 감정 상태를 잘 파악해야 합니다.

눈에 보이지 않는 마음의 상태에 따라 감정이 일어나고 그 감정이 동력이 되어 행동한 결과가 바로 눈에 보이는 성과로 나타납니다. 이 과정이 아래에서 위로 단숨에 일어난다는 점이 중요합니다.

노하우를 알려주는 책이나 사이트 정보 등은 위쪽과 관련된 것이 많습니다. 이런 것들은 현실 사회에서 바로 실천할 수 있으므로 효과적입니다.

다만 그대로 실천해도 충분한 성과를 내지 못한다면 그것을 실현하려는 좋은 기분이 수반되지 않은 겁니다. 나무뿌리에 해당하는 심지와 미션 그리고 비전이라는 마음의 자세를 정하지 못하고 착각에 사로잡혀서 삶에 제동을 걸고 있는 거죠. 아니면 자기 축에서 성과까지 일관되지 않은 걸 수도 있고요.

건물을 지을 때 지반이 약하면 아무리 멋들어진 건물을 지어도 무너지고 맙니다. 인생도 마찬가지입니다. 인생의 토대가 되는 '흔들리지 않는 자기 축(심지, 미션, 비전)'을 만드는 게 아주 중요하죠. 그리고 그 축에 따라 기분, 목표 설정, 행동, 성과 이 모든 것을 일관적으로 정리하는 것도 중요합니다.

여기서 중요한 것은 자신의 본질을 언어로 표현하는 것입니다. 일단 언어로 표현할 수 있게 되면 실천하기는 쉬워집니다. 그렇게 되면 자연스럽게 라이프스타일도 달라지는 거죠. 그 정도로 자기 축을 언어화하는 과정은 중요합니다.

심지란 '나는 누구인가?'에 대한 답

자, 이제부터는 '심지란 무엇인가?'를 더 자세히 설명할게요.

심지란 쉽게 말하면 여러분의 본질입니다. '당신은 누구십니까?'라는 질문에 대한 답이죠.

'나는 (○○이고) ○○한 사람입니다.'

이렇게 한 문장으로 표현할 수 있습니다.

'나는 ○○입니다.'

이렇게 더 간결하게 표현해도 상관없습니다. '본래의 나'이기 때문에 엄마 배 속에 잉태됐을 때 이미 존재한 나를 말하는 것입니다. 그런 나로 있으면 아주 편안합니다. 심지를 말하면 마음이 따뜻해지고 안정되고 행복한 감정을 되찾을 수 있습니다. 참고로 심지는 제가 쓰는 명칭으로 일반적이지 않습니다. 심지란 '진짜 나'입니다. 그래서 진짜 자신을 표현하는 적절한 단어가 있다면 그것을 사용해도 상관없습니다.

일반적으로 목표 달성을 지원하는 코칭에서는 미래의 자신을 떠올린 다음에 목표를 설정하고, 그 목표와 관련된 구체적인 행동을 계획하는 것을 코치가 도와줍니다. 그런데 '좋은 기분 우선법'에서는 과거의 나를 마주하고 심지를 만드는 과정이 가장 중요합니다. 그래서 이것을 언어화하는 데 때로는 많은 시간을 들입니다. 이것만으로도 두 시간씩 세션을 네 번이나 진행하기도 하죠.

그렇다면 왜 이렇게까지 시간을 쓰면서 심지를 언어로 표현하는 걸까요? 바로 행복한 기분으로 목표를 달성하기 위해서입니다. 매일 자기 축에 따라 살다 보면 좋은 기분으로 하루하루를 보낼 수 있고, 그 상태를 유지하다 보면 마침내 목표를 달성할 수 있죠. 자신의 심지를 정확한 언어로 표현할 수 있으면 공부를 하거나 일을 할 때도 왜 해야 하는지가 분명하기 때문에 흔들리지 않게 됩니다.

'나는 왜 이 일을 해야 할까?'
'나는 왜 그걸 달성하고 싶을까?'

이 질문에 대한 답의 근간이 바로 심지입니다.

누구나 자신만의 심지가 있다

미션 즉 사명은 문자 그대로 '목숨을 쓰는 방법'입니다. '○○을 한다'고 동사형으로 표현할 수 있죠. 따라서 '누가?', '왜 하는가?'라는 질문이 세트로 필요합니다. 그게 없으면 이해할 수 없거든요. 이 질문에 대한 답이 바로 심지입니다.

클라이언트와 세션을 할 때는 제 질문에 "자꾸 왜냐고 물어보셔도 이 이상은 저도 모르겠어요"라는 대답이 나올 때까지 자신이 누구인지를 파고듭니다. 평소와 다른 머리를 쓰기 때문에 피곤할 수도 있는데 실제로는 정반대입니다. 세션을 마무리할 때쯤엔 모두 웃으며 밝은 표정을 짓거든요.

"저한테는 그런 건 없는데요……"라는 말을 하는 분도 꽤 있습니다. 저의 클라이언트 중에도 그런 분이 있었습니다. 하지만 안심하세요. 지금까지 그런 교육을 받지 않았으니 그렇게 생각하는 게 당연하거든요.

조금 논지에서 벗어나는데 제가 신세를 지던 독일인과 '심지'에 대해 의논하면서 깨달은 점이 있습니다. 독일에서는 생각하는 과정 즉 토론하면서 주변 사람들과 문제를 해결하는 과정을 배웁니다. 정해진 답이 없는 주제에 대해서 늘 "너는 어떻게 생각해?"라고 묻죠. 그 때문인지 토론을 좋아하는 사람들이 많습니다. 이런 교육 과정에서 '왜 그렇게 생각하느냐?'고 물어볼 때마다 자신이 중요시하는 가치관을 자연스럽게 자각하게 됩니다. 그러다 보면 '나는 누구인가?'까지는 아니더라도 나라는 사람에게 가장 중요한 가치가 뭔지를 이해하게 되는 것 같습니다. 다시 본론으로 돌아가자면 누구나 자신만의 심지가 있습니다. 그리고 그것은 사람마다 다릅니다.

"여러 사람들이 똑같은 자기 축을 갖고 있는 경우는 없나요?"

이런 질문도 가끔씩 듣습니다. 같은 말이라도 사람마다 떠올리는 이미지, 분위기, 색, 크기, 냄새 등이 전혀 다릅니다. 그리고 평소에 전혀 관심이 없거나 무심하게 넘겼던 것 중에서 자신의 본질이 잠들어 있기도 합니다. 등잔 밑이 어두운 거죠(웃음).

나의 경험이 심지를 못 알아보게 한다면?

경험 때문에 심지를 알아보지 못하는 경우도 있습니다. 경험이 착각을 불러일으키는 거죠.

제 클라이언트였던 30대 IT 기업 경영자의 예를 들어볼게요. 그가 작성한 심지는 '사람과의 유대를 소중히 여기고 자유롭게 사는 사람'입니다. 그는 초등학생 시절에 어머니가 하라는 대로 방과 후 활동을 하고 학원을 여러 군데 다녔습니다. 어머니 때문에 자유를 빼앗긴 채 살았던 거죠. 성인이 된 이후 그는 오랫동안 사람들과 거리를 둔 채 살았습니다. '사람과 얽히면 자유롭지 않다'는 생각이 무의식 깊은 곳에 들어 있었던 거죠. 이것이 바로 경험이 불러일으키는 착각입니다. 그는 사람과의 유대를 간절히 바라면서도 관계를 끊고 살았던 겁니다. 그러던 그가 해외에서 몇 달 동안 일하게 되었는데 그때 여러 사람들과 관계를 맺으면서 그 이전까지의 삶을 되돌아보게 되었다고 합니다. 그래서 저를 찾아왔던 거죠. 물론 이렇게 말로 설명하는 건 쉽지만 만약 안 좋은 경험 때문에 자기가 진짜 원하는 걸 거부하면서 살고 있다면 이걸 자각한다

는 건 정말 쉽지 않습니다.

대부분의 사람들이 많든 적든 간에 어느 정도 착각을 안고 살아갑니다. 또 상처받는 게 두려워서 고통스러운 감정을 회피하면서 살아가기도 하죠.

심지와 착각은 이를테면 음과 양의 관계입니다. 심지가 무엇인지를 명확하게 알면 착각도 명확하게 구별할 수 있으므로 어느 쪽을 믿고 어느 쪽을 버리면 기분이 나아질지를 알 수 있습니다.

우리는 철들 무렵부터 성장을 거듭하는 동안에 사회에서 살아가기 위한 기술이나 경험을 얻습니다. 그리고 그와 동시에 삶에 제동을 거는 착각도 습득합니다. 사회인이 된 후에도 마찬가지입니다. 자신만의 기술을 터득하고 경제적으로 자립하지만 그만큼 착각도 점점 쌓여갑니다. 그러다가 어느 순간, '이대로 괜찮을까?' 하고 삶에 위화감을 느끼기 시작하죠. 이른바 인생의 위기라고나 할까요? 바로 이때 비로소 자기 삶을 되돌아보면서 착각을 자각하고 다시 인생을 살아갈 기운을 얻는 것 같습니다.

물론 모든 사람이 착각을 버릴 수 있는 건 아닙니다. 평생 착각 속에서 살다가 그대로 삶을 마감하는 분도 적지 않습니다. 이 둘의 차이는 인생 정체기에 위화감을 느끼느냐 못 느끼느냐의 차이일 뿐입니다.

제 클라이언트 중에는 "왜 여태껏 제가 착각하고 살았다는 걸 알아차리지 못했을까요? 제 자신이 너무 한심해요"라고 말하는 분들도 있는데 그런 생각은 하지 마세요. 누구나 그런 과정을 밟으니까요. 오히려 착각을 얼마나 빨리 알아차리고 얼마나 많이 버릴 수 있는지가 중요합니다. 이것이 가능하다면 그 후의 인생을 진짜 나답게 살아갈 수 있습니다.

심지를 명확히 함으로써 일어나는
극적인 변화

방금 말한 30대 IT 기업 경영자 클라이언트는 '내가 앞으로 뭘 하면 좋을지 모르겠다', '나한테는 축이 없다'는 고민 때문에 저를 찾아왔습니다. 하지만 그는 사실 원래 생각하는 걸 곧바로 자유롭게 행동으로 옮기는 사람입니다. 그래서 어릴 때부터 혼자 할 수 있는 것을 찾아서 자유롭게 했습니다. 사람들과 관계를 맺고 유대감을 쌓는 것 자체를 꺼렸기 때문에 업무상 만나는 사람이나 같은 회사 직원들과도 관계가 얄팍했습니다. 그런데 세션 진행 이후 심지를 찾은 이후부터는 크게 달라졌습니다. 지금은 많은 사람들과 교류를 나누며 활력 넘치는 삶을 살고 있습니다. 그 변화에 저도 깜짝 놀랄 정도입니다. 신기하게도 심지를 파악하자마자 회사 경영도 잘 돌아갔습니다. 신규 사업을 순조롭게 시작했을 뿐만 아니라 직원들이 업무 수행을 아주 잘하는 조직으로 거듭났고 퇴사자도 눈에 띄게 줄었다고 합니다.

'나는 사람과의 유대를 사랑하고 자유롭게 사는 사람이다.'

그는 지금 이 심지에 따라서 언제 어디서나 충실하게 살려고 힘쓰고 있습니다.

이처럼 심지를 명확히 정의하면 늘 자기 인생을 살아간다고 느끼면서 즐겁게 지낼 수 있습니다. 좋은 기분 우선법이란 바로 이런 것입니다. 간단합니다. 단순하게 만들면 자기 인식, 즉 내가 어떤 사람인지를 정확하게 밝혀내고, 그것을 정착시키는 것입니다. 물론 살다 보면 뜻하지 않은 일이 많이 생깁니다. 그런데 그럴 때도 '내 심지를 지키려면 지금 이 일을 어떻게 해석하면 좋을까'를 고민하면 됩니다. 그러면 날마다 행복하고 기분 좋게 살아갈 수 있습니다. 눈앞에 벌어진 일을 어떻게 해석하는가는 전적으로 내 마음에 달려 있으니까요. 달리 돈이 드는 것도 아니고요. 저는 많은 클라이언트들을 겪으면서 깨달았습니다. 이렇게 심지가 명확해지면 다음과 같은 혜택이 줄줄이 따라온다는 걸요.

- 매일 내 마음을 내가 다스리는 능력으로 기분 좋게 지낼 수 있다.
- 나답게 있을 수 있어서 안심할 수 있다.

- 내가 어떤 착각을 하는지 알고 있기 때문에 누구를, 무엇을 믿어야 할지 판단할 줄 안다.
- 내가 정한 심지를 지키지 못하는 일이 생겨도 그것을 자각하고 있기 때문에 괜찮다.
- 기존의 고정관념에서 벗어날 기회가 생기고 그만큼 성장하게 된다.
- 나의 심지가 명확하기 때문에 변화에 대한 두려움이 없어진다.
- 자신의 심지를 파악하면 타인의 심지도 파악할 수 있어서 사람들이 사랑스럽게 보인다.
- 어느 순간 자신만의 아우라를 내뿜게 되어서 눈길을 끈다.
- 왠지 모르게 좋은 운을 끌어당긴다(승진, 해외 부임, 대형 계약 성사, 신규 사업, 새로운 연애 등등).

내면이 변하면서 외모나 행동까지 변하는 클라이언트를 보면 늘 진심으로 놀랍니다. 특히 감이 뛰어난 사람은 단 한 번의 세션만으로도 크게 달라집니다.

"저 지금 화장실에서 거울 보고 깜짝 놀랐잖아요. 조금 전이랑 안색이 너무 달라진 거 있죠?(웃음)"

이럴 때는 저도 무심코 같이 들뜹니다.

좋은 기분 우선법의 최고 멘토는 갓난아기

보통 목표를 세울 때 많은 사람들이 비전이나 미션을 먼저 생각합니다. '뭘 해야 할까'를 생각하는 데 익숙하기 때문이죠. 그러나 그 모든 것도 다음 질문에 답하지 못하면 좋은 기분을 유지하기 힘들어집니다.

'나는 왜 그 세계를 만들고 싶은가?'
'나는 왜 그 미션을 계속 추구하고 싶은가?'

자꾸 반복해서 말하지만 '왜?'에 대한 대답이 바로 심지입니다. 심지란 진짜 내 영혼의 목소리를 말로 표현할 수 있는 데까지 정의한 것입니다. 왜 그 심지냐고 물었을 때, '아무튼 나는 그런 사람이다, 그 이상은 모른다'고 딱 잘라 말할 수밖에 없는 것입니다.

여러 자기계발 세미나에 참가하다가 고민이 생겨서 저를 찾아온 벤처 기업 CTO(최고 기술 책임자)의 사례를 소개해볼게요.

그는 사실 예전에 딱 한 번 코칭을 하는 도중에 중단한 적이 있었습니다. 그의 아내는 임신 중이었고 3개월 후에는 아기가 태어날 예정이었죠. 저는 아기야말로 최고의 멘토가 될 수 있다고 생각했고 때를 기다렸습니다.

그는 아주 우수한 CTO로 업무 경험과 스킬, 열의가 풍부한 인재였습니다. 과거에 벤처 기업을 창업했으나 조직 매니지먼트에 실패한 경험이 있었고 현재는 기업에 소속되어 팀을 이끌고 있었습니다. 대화를 하다 보니 그는 의지력이 아주 높고 스스로에게든 남에게든 엄격한 사람이라는 걸 알 수 있었습니다. 흡사 살기 비슷한 분위기가 느껴지더군요. 이를테면 '사람은 풀어주면 안 된다', '쉽게 칭찬해주면 안 된다', '일 처리를 똑바로 하지 못하는 사람은 도무지 이해할 수 없다' 등등의 기준이 느껴졌다고나 할까요. 쉽게 말하자면 그는 '즐겁다, 재미있다'라는 감정을 느끼기 전에 모든 것을 논리적으로 처리하는 습관이 있었습니다. 즐겁다는 감정조차 명확한 이유가 없으면 만족하지 못하는 스타일이었습니다.

그런데 제가 말하는 심지란 사실 논리로 설명할 수 있는 게 아닙니다. 타고난 본능일 뿐이죠. 저는 그가 논리적인 생각은 일단 제쳐두고 '즐겁다, 재미있다' 같은 감정의 세계를 알 필요가 있다고 생각했습니다. 그래서 반년 만에 그와 다시 만나기로 했습니다.

클라이언트 : "코치님께는 정말 신세를 많이 졌습니다. 덕분에 모든 게 잘 풀렸어요. 아기도 정말로 사랑스럽고요. 여러 가지 일들이 있긴 하지만, 예정대로 회사도 사세 확장 중이에요."

나 : "와, 정말 잘됐네요. 너무 반가운 소식인데요. 아기도 진짜 사랑스럽죠?"

클라이언트 : "네! 정말로 아기가 모든 것을 바꿔주더라고요. 코치님이 말씀하신 대로 저한테는 최고의 멘토예요. 지금까지 제가 뭘 고민했는지도 모를 정도라니까요."

아니나 다를까 아기가 태어난 후부터 그의 얼굴은 밝아지고 부드러워졌으며 반년 후에는 살기도 느껴지지 않았습니다. 혈색이 도는 그의 얼굴을 보니 모든 일이 잘 돌아가고 있다는 게 실감 났습니다. 나의 심지를 제대로 찾기 위해서는 '나는 누구인가?'라는 질문을 계속 던져야 합니다. 자신이 추구하는 높은 기준의 내 모습과 현재 내 모습을 비교한다고 해서 '진짜 자신'을 찾을 수 있는 것은 아니니까요. 나의 심지를 어떻게 찾아야 할지 모르겠다면 '현재 내가 갖고 있는 것은 무엇인가?'라고 질문해보세요. '나에게 없는 것은 무엇인가?'가 기준이 되면 절대 보이지 않으니까요.

그래서 아기는 심지를 찾을 때 최고의 멘트가 될 수 있습니다. 아기가 최선을 다해 살아가는 모습을 볼 때 우리는 감동을 받게 됩니다. 이때 느낄 수 있는 것이 심지입니다. 이 클라이언트의 경우에도 아기가 태어난 후, '나도 저런 때가 있었겠지. 저게 있는 그대로의 모습이구나'라고 느꼈다고 말하더군요. 그러고 나서 이것저것 재지 않고 있는 그대로의 자기 자신으로 살려고 노력하다 보니 전과는 다르게 기분이 좋아졌다고 합니다.

살짝 주제에서 벗어나지만, 메이저리그에서 활약 중인 오타니 쇼헤이(大谷翔平) 선수 이야기를 해볼게요. 아시다시피 그는 홈런 타자로 활약 중입니다. 그가 경기하는 모습을 보면서 짜릿함을 느낄 때가 많습니다. 날아오는 공이 스위트 스에 정확히 맞았을 때 '타앙!' 하는 통쾌한 소리가 나거든요. 오타니 선수가 홈런을 칠 때 바로 이런 소리가 나면 저는 온몸에 전율이 흐르는 느낌을 받습니다. 인생도 마찬가지인 것 같습니다. 심지로 살아가다 보면 스위트 스폿을 만나게 되고 홈런이라는 좋은 결과도 저절로 따라오지 않을까요?

사랑과 열정이 넘치는 남자

여기서 잠시 숨을 고르고자 제 심지에 대해 설명할게요.

제 심지는 '사랑과 열정이 넘치는 남자'입니다. 회사원 시절에는 너무나 부끄러워서 차마 입 밖으로 꺼낼 수 없는 말이었죠. 하물며 세미나에서 말하거나 책에 쓰는 건 과거의 저로서는 불가능했습니다. 이 심지는 가볍게 나온 것이 아닙니다. 시간을 들여 진지하게 나 자신과 마주하며 언어화한 것입니다.

저는 어릴 때부터 천식과 아토피를 앓았습니다. 몸집도 작고 입도 짧고 연약했죠. 나이 차가 많은 누나가 두 명 있는 막

둥이였습니다. 그래서 어릴 때 사랑을 듬뿍 받았습니다. 어머니도 누나들도 애정을 쏟으며 돌봐주었기 때문에 왠지 모르게 응석받이로 자란 듯싶습니다.

그러던 어느 날, 누나가 엄마에게 "왜 아들만 과잉보호하는 건데?"라고 제 앞에서 말하는 걸 목격한 후 도대체 '과잉보호'라는 게 무슨 뜻인지 궁금해졌습니다. 나중에 그게 무슨 뜻인지 알게 된 후 충격을 받았던 기억이 있습니다. 그 후 저는 '응석받이로 자라선 안 돼. 나는 남자니까 강해져야 해'라고 스스로를 다그쳤습니다. 그러다가 '강한 사람은 참을성이 많은 사람'이라는 착각에 빠졌습니다. 친구들이 과자를 사 먹을 때도 저는 꾹 참고 과자를 사지 않는 게 강한 거라고 생각했습니다. 기침이 계속 나오는데도 참는 게 강한 거라고 저자신에게 되뇌다가 한밤중에 어머니 등에 업혀 응급실에 실려 가기도 했습니다. 결국 천식을 얻게 되었죠.

그러다 보니 새벽 4시에 일어나서 숙제를 할 정도로 공부도 열심히 했습니다. 또 마라톤 연습도 계속했던 저는 초등학교 때 학년에서 2위를 할 정도로 실력이 늘었습니다. '참는 것이 강한 것이다'는 생각이 저의 모든 행동을 지배했죠.

앞에서 말했듯이 초등학교 졸업 문집 장래 희망란에 당시

프로야구 히로시마 도요 카프広島東洋カープ, 일본 프로야구 센트럴 리그에 소
속된 구단-옮긴이에서 연속 출장 세계 기록을 경신한 '기누가사 사
치오 선수가 되고 싶다'고 쓸 정도로 인내심이 강했습니다.
어린 수도승 같은 아이였죠. 어머니가 늘 손이 많이 안 가는
아이였다고 말할 정도였습니다.

　이후 고등학교와 대학교에서 7년 동안 아메리칸 풋볼을
했습니다. 고등학교에서는 완전 무명 선수였는데 수업 공부
를 열심히 해서 명문 간세이가쿠인대학에 입학했죠. 아메리
칸 풋볼 팀에서 2년 만에 주전 선수가 되었고, 두 번이나 우승
하는 기회도 얻었습니다. 강해지고 싶다는 마음으로 열정을
쏟았습니다. 한창때는 몸무게가 102kg이 나갈 만큼 몸집이
컸습니다. 그런데 사실 그때 저는 환절기마다 천식 발작이 일
어날까 봐 호흡기를 바지에 몰래 넣고 다녔습니다. 연습하다
가도 고통스러우면 뒤에 가서 빨아들이곤 했습니다. 이런 과
정에서 저는 목표 달성의 화신이 되었습니다. 지금 와서 생각
해보면 '나는 약하다'는 열등감과 결핍감이 제 열정을 불타
오르게 만든 것 같습니다.

　인내하며 목표 달성에 매진하는 성향은 사회인이 되어서
도 변하지 않았습니다. 늘 어떤 성과를 얻기 위해 폭주하느라

마음이 평온치 않았죠. 우울증에 빠지기 일보 직전인 적도 있었고 온몸에 두드러기가 나고 장염에 걸린 적도 있었습니다.

그러던 제가 유럽에서 오랫동안 일하면서 인생을 즐기는 방법을 깨달았고, 아이가 생긴 후 조금 여유롭게 생활하다 보니 어릴 때 온화했던 제 모습이 떠올랐던 겁니다. 그리고 바로 이때 깨달았습니다. 저 스스로 온화한 제 자신을 봉인해버렸다는 사실을요. 가장 약하다고 생각했던 제 모습이 가장 강하다는 사실까지 말이에요.

'내가 봉인해버렸던 온화함을 무기 삼아 강한 에너지를 뿜어낸다.'

이것이 바로 저의 심지 '사랑과 열정이 넘치는 남자'의 배경입니다.

미션은 '목숨을 쓰는 방법', 비전은 '그에 따라 실현하고 싶은 세상'

미션은 사명 즉 '목숨을 어떻게 쓸 것인가?', 다시 말하면 인생의 목적을 묻는 것입니다. 비전은 그 미션을 계속 실천하면서 살다 보면 마침내 나타나는 세상입니다. 원래 사람들은 사회 속에서 많든 적든 간에 서로 도우면서 영향을 주고받고 살아갑니다. 그래서 태어날 때부터 가지고 있던 심지만으로는 살아갈 수 없습니다. 생명을 부여받았을 때부터 존재한 심지가 자신의 본질이라면 사회에서 자신의 본질을 어떻게 발휘할지를 나타내는 것이 바로 미션과 비전입니다.

미션은 평생 계속해야 하는 일입니다. 인생이 고통스럽다고 느껴질 때 마지막 의지가 되어주죠. 어느 날 한 클라이언트가 너무나 괴로운 목소리로 저에게 전화를 걸었습니다. 큰 규모의 중요한 컨설팅 의뢰를 받았으나 무참히 실패해서 고객에게 무지막지한 클레임을 받았다고 하더군요.

"솔직히 너무 힘들어요. 근데 예전이라면 한없이 우울했을 텐데

이번에는 괜찮습니다. 저에겐 자기 축이 있으니까요. 잘 극복해볼
게요."

통화를 마칠 때쯤엔 그분 목소리에서 결의가 느껴졌습니
다. 몇 주일 후 그분은 제 걱정이 무색할 정도로 주위 사람들
에게 신뢰를 회복하고 멋지게 컴백했습니다. 이분의 미션은
'사람들이 원래 가지고 있는 자유에 빛을 비추고, 사람들이
성장하는 데 공헌한다'입니다. 사람들이 성장하는 데 공헌하
기 전에 자신이 성장하는 것을 늘 강하게 의식하던 분이었죠.
그래서인지 '실패는 최고의 성장 기회다'라고 파악하고 그
국면을 극복하더군요.

미션을 손에 넣으면 기분을 북돋울 수 있는 이유가 또 하나
있습니다. 바로 할 일이 명확해지기 때문에 반대로 하지 않을
일도 명확해진다는 점입니다. 인생의 중요한 결정부터 유튜
브를 볼지 안 볼지 하는 사소한 결정까지 미션을 기준으로 생
각해보면 저절로 판단할 수 있고 홀가분하게 해결할 수 있습
니다.

제대로 된 미션과 비전이란?

여기서 오해를 하면 안 되니까 한 가지 보충 설명을 할게요. 요즘 들어 이런 말들이 유행처럼 번져서 자주 눈에 띄더군요.

'좋아하는 일, 설레는 일만 하면 된다.'

'뭔가를 꼭 해야 한다는 생각은 버려라.'

그런데 이것만으로는 부족합니다. 단지 일시적인 욕구나 능력에서 비롯되는 '좋고 설레는' 감정도 있으니까요. 이런 것들은 나의 본질을 채워주는 게 아니기 때문이에요.

제 미션은 '사람들의 마음에 폭발적인 힘을 불러일으켜서 그 에너지를 세상에 퍼뜨리는 것'입니다. 그렇게 생각하면 책을 쓴다는 건 정말 설레는 일입니다. 세상을 건강하게 만들고 싶었기 때문에 책 쓰는 일은 피할 수 없었습니다(편집자는 무려 2년 동안 기다렸지만요……). 하지만 혼자 방 안에 틀어박혀서 나 자신과 싸우면서 책을 쓰는 것은 너무나 지난한 과정이라 가능하면 피하고 싶었습니다.

■ 미션(사명)

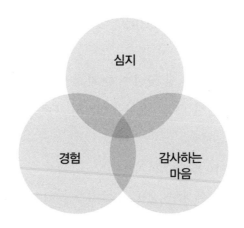

여기서 중요한 포인트는 좋아하는 일, 설레는 일을 할 때 많든 적든 간에 주위 사람들에게 도움이 되는 일이나 도와주고 싶다는 마음이 있어야 한다는 것입니다. 그게 없다면 제대로 된 미션과 비전이 아닙니다.

미션은 위쪽 그림에서 보다시피 심지, 경험 그리고 감사하는 마음이 담긴 것입니다. 저는 그동안 많은 분들과 자기 축을 정의하는 세션을 반복했습니다. 그 과정에서 눈물을 흘리는 분도 적지 않았죠. 그들이 눈물짓는 건 대부분 고인, 부모나 형제자매, 친구들 그리고 윗세대에게 감사하는 마음을 느낄 때입니다. 주변 사람들을 비롯해서 윗세대에게 감사하는 마음이 강할수록 다음 세대가 행복했으면 하는 바람이 강해지는 것 같습니다. 프랑스 혁명 때 영국의 정치 사상가 에드먼드 버크는 "윗세대를 생각하지 않는 사람들은 후손들에 대해서도 생각하지 않는다"고 말한 바 있습니다. 개인도 조직도 마찬가지입니다. 방식은 크게 바꾸더라도 윗세대 사람들에게 감사하는 마음이 있으면 그것이 미래를 향한 강인 에너지로 작동합니다. 미션도 감사한 마음에서 우러나오는 경우가 많거든요.

또 경험을 통해서도 미션이 나옵니다. 특히 고통스러운 경험이 미션에 지대한 영향을 미치는 경우가 정말 많습니다. 예를 들어 과거에 가난했던 사람이 '빈곤 없는 세상을 만들고 싶다'고 다짐하거나, 부당하게 따돌림을 당했던 사람이 '따돌림이 없는 세상을 만들고 싶다'고 마음먹는 경우입니다. 고통스러운 과거 속에서 오히려 세상을 살아갈 의미를 찾고 그것을 강한 에너지로 표출하는 거죠. 이렇게 고통이 원천인 미션은 해를 거듭하면서 변하기도 합니다. 점점 미션이 자리를 잡으면서 나를 있는 그대로 받아들일 수 있게 되기 때문이죠. 그러면 점점 감사하는 마음으로 깊어갑니다.

자기 축으로 살지 못할 때
어떻게 해야 할까?

자기 축은 원래 자기 안에 있습니다. 그래서 현실에서는 자기 축대로 살지 않는 시간도 더러 있죠. 그럴 때 저는 클라이언트들이 이해할 수 있게끔 이렇게 말합니다.

"자기를 탓하지 마세요. 그럴 때도 있어요."

제 클라이언트 중에는 목표 달성형인 분들이 많습니다. 그래서 막상 자기 축을 깨달으면 이번에는 자기 축대로 사는 게 목표가 되어버립니다. 꼭 달성해야만 하는 목표로 여기는 탓에 가끔 이렇게 말하는 분도 있습니다.

"자기 축으로 살지 못하는 제가 너무 싫어요."

그런데 이것은 본말이 전도된 겁니다. 언제 어디서나 내 기분이 먼저입니다. 자기 축은 내 기분을 좋은 방향으로 바꾸기 위해서 필요한 도구일 뿐이지 목적이 되어서는 안 됩니다. 그러니 혹시 자기 축대로 살지 못하는 것 같아도 그냥 그 상황을 받아들이세요. 자기 축은 다이아몬드에 비유할 수 있습니다. 다이아몬드도 채굴했을 때는 그냥 거무스름한 돌일 뿐입니다. 하지만 다양한 연마 과정을 거친 후 마침내 영롱한 빛을 내는 다이아몬드로 탄생하죠. 여러분도 자기 축을 의식하면서 생활하다 보면 점점 광채가 날 겁니다. 자기를 갈고닦는 구체적인 방법은 5장에서 자세히 알려드릴게요.

나의 능력을 최대화하는 법

『논어』에는 이런 구절이 있습니다.

> 子曰 吾十有五而志于學 三十而立 四十而不惑 五十而知天命 六十
> 而耳順 七十而從心所欲 不踰矩

〈해석〉

공자께서 말씀하셨다. 나는 열다섯 살에 학문에 뜻을 두었고 서른 살에 자립했으며 마흔 살에는 망설임이 없었고 쉰 살에 천명을 깨달았으며 예순 살에는 남의 말을 그냥 그대로 듣게 되었고 일흔 살에 마음대로 해도 법도를 넘어서지 않았다.

_『논어』중에서

많은 클라이언트와 함께한 경험을 바탕으로 제 나름대로 이 구절을 다시 해석해봤습니다.

나는 심지를 가진 채 태어났으며, 어린 시절 부모와의 관계 속에서 착각이 싹텄다. 초등학생 때는 이 착각이 확고해졌으며, 사회생활을 시작한 20대 이후, 이 착각은 더욱더 굳어졌다. 경제력을 얻은 30대 이후 어느 날, 자기 자신에 대한 회의감에 빠지면서 인생을 되돌아본다. 이때 자신이 착각 속에 살았다는 걸 깨닫지만 어떻게 하면 좋을지 모른다. 그러다가 주위를 둘러보며 멘토를 찾아 헤맨 후 그들과의 관계 속에서 마침내 자기 축을 깨닫는다. 40대 이후 드디어 착각에서 벗어나 진짜 내 인생을 다시 시작하고 미션대로 살아간다. 50대가 된 후에는 자기 축으로 살아가면서 경제적 여유와 사회적 지위를 동시에 얻고 진정으로 사회에 공헌하기 시작한다.

나의 가능성을 최대화하고 싶다면 빨리 이 과정을 깨닫고 자기 축을 발견한 다음 착각에서 벗어나는 것이 중요합니다. 저는 종종 클라이언트에게 이런 질문을 받을 때가 있습니다.

"제 인생은 어때요? 다른 사람이랑 비교했을 때 말이에요."

자신이 여태까지 착각 속에 살았다는 걸 어느 날 깨달으면 '왜 이렇게 말도 안 되는 착각 속에서 살았지? 나 정말 이상한 걸까?'라고 스스로를 돌아보게 되기 때문이죠. 이런 질문을 받을 때마다 제 대답은 똑같습니다.

"많은 사람들이 대체로 같은 과정을 밟습니다."

격려의 말 한마디와 함께 과정이 중요하다고 이야기하면 대부분의 클라이언트들은 안심합니다. 자기 축으로 살고 싶은 욕구는 인생의 어떤 시점에든 숨어 있습니다. 단지 여건과 상황에 따라 형태가 변할 뿐입니다. 자, 이번에는 상장 기업의 임원으로 일하고 있는 50대 클라이언트의 사례를 소개할게요.

클라이언트 : "지금은 순한데 30대 때는 엄청 사나웠어요. 1000억 원짜리 계약이 99퍼센트 확정됐는데 협상하기 직전에 별거 아닌 일로 성질을 부리다가 결국 계약을 깨버린 적도 있어요. 지지리도 운이 없었죠. 그때부터였어요. 감정을 드러내면 안 좋은 일이 생긴다고 믿은 게."

나 : "왜 그렇게까지 화를 내셨어요?"

클라이언트 : "그때는 일을 끝까지 파고드는 면이 있었거든요. 솔직히 말하면 그때는 여유도 없고 힘들었어요."

나 : "아이고 그러셨구나. 근데 특히 어떨 때 화가 나던가요?"

클라이언트 : "돈밖에 모르는 사람이랑은 의견이 안 맞아서 많이 싸웠어요. 지금 생각해보면 아버지 때문인 것 같아요. 아버지는 늘 이렇게 말씀하셨거든요. '이해득실만 따지면 남들한테 비웃음만 당하니까 그런 짓은 하지 마'라고요."

나 : "아, 그러셨구나."

클라이언트 : "그리고 집에서는 얌전했는데 밖에서는 자유분방했어요. 가끔 싸움도 했고요. 집에서는 부모님께 잘 보이려고 가면을 쓴 거죠. 평판을 신경 쓰는 나와 자유분방한

나, 이 둘이 공존했습니다. 지금 생각하면 그래서 쉽게 감정이 폭발했던 것 같아요."

나 : "그럴 수도 있겠네요. 그런 자신을 보면서 어떤 생각이 들던가요?"

클라이언트 : "아무 생각도 안 들던데요. 그런데 30대 후반쯤에 방금 전에 말씀드린 사건을 겪으면서 자유분방한 건 쓸모없는 것 같다는 생각이 들었어요. 그래서 그때부터 감정을 제 안에 꽁꽁 가둬버린 것 같아요."

나 : "그 사건이 지금 선생님께 어떤 영향을 주고 있나요?"

클라이언트 : "전과 달리 제가 좀 둔감해진 것 같아요. 그리고 눈물이 많아졌고요. 제가 왜 이럴까요?"

나 : "음, 그렇군요. 그렇다면 지금 하는 일에는 어떤 영향을 주던가요?"

클라이언트 : "주변 사람들한테 엄격하게 할 수가 없어서 그게 약점이 되는 것 같아요."

나 : "그럼 앞으로 어떻게 하고 싶으세요?"

클라이언트 : "솔직히 말하면 이대로 끝낼 수 없다, 끝까지 해내고 싶다는 생각은 계속하는데 제가 끝까지 해낼 수 있을지 저 자신한테 자꾸 의문이 들어요."

나 : "지금 운영하는 회사는 어떤 회사로 만들고 싶으세요?"

클라이언트 : "이제 욕심 같은 건 없어요. 진짜로요. 그저 직원들이 '이 회사에 들어오길 정말 잘했다, 우리 아이들도 입사 시키고 싶다'고 진심으로 생각할 수 있는 회사로 만들고 싶습니다. 은퇴한 후에도 후배들이랑 만나고 싶고요. 이건 진심이에요. 거짓말도 아니고 사탕발림도 아니에요."

사람들에 대한 애정과 자신의 트라우마 사이에서 고민하는 그의 이야기를 듣고 저도 울 뻔했습니다. 세션을 진행한 후 그는 회사 분위기를 바꾸는 데 앞장섰습니다. 저는 그 일을 도와주게 되었고요. 이분의 자기 축은 다음과 같이 정리했습니다.

심지 : 나는 솔직하고 자유분방한 사람이다.

미션 : 나는 세상의 부당함이나 불합리함에 맞서고, 다음 세대를 한 명이라도 더 육성한다.

비전 : 나는 미움과 갈등, 싸움도 황금만능주의도 없는 평화로운 세상이 되길 원한다.

그리고 저는 그가 무심코 내뱉은 한마디를 잊을 수 없습니다.

"사람을 의심하는 데에도 내 에너지를 쓰게 되잖아요. 그럴 바에야
차라리 자기 축을 기준으로 사람을 완전히 믿는 데 에너지를 쓰는 게
더 편하지 않을까요?"

이 말은 사실 제가 회사에서 일하는 동안 사기 숙과 트라우
마와 현업 사이에서 갈등하다가 비로소 깨달은 것이기도 합
니다. 이렇게 자기 축을 확실하게 한 이후, 그는 훨씬 더 편안
하고 활기차게 자신의 능력을 발휘하면서 회사를 키울 수 있
게 되었습니다.

개인에게도 심지, 미션, 비전이 필요하다

기업 이념은 회사의 뼈대입니다. 기업 이념을 보면 이 회사가
무엇을 하려고 하는지 알 수 있습니다. 즉, 무엇을 중요시하
며 무엇을 이루려고 하는지 한눈에 파악할 수 있죠. 또한 기

업 이념은 직원들의 행동을 판단하는 기준이 됩니다. 매출 이익 등 성과에 상관없이 직원들이 따르는 기준이 되는 거죠. 대부분의 기업이 이 때문에 밸류, 미션, 비전을 언어화하는 과정을 거칩니다. 그런데 왜 개인은 그렇게 하지 않을까요? 저는 항상 그것이 의문이었습니다. 사실 우리 한 사람 한 사람도 다양한 조직이 모여 있는 유기체라고 할 수 있는데 말이에요. 그렇게 생각하면 신념, 생각, 장기, 혈액, 뼈 등등 나를 구성하고 있는 모든 세포가 기준으로 삼을 수 있는 밸류, 미션, 비전 즉 '자기 이념'이 필요하지 않을까요? 이것은 인간관계에서도 유용하게 쓰일 수 있습니다.

만약 우리가 주변 사람들의 밸류, 미션, 비전을 제대로 알고 있다면 그 사람을 이해하고 지지해주는 일도 더 잘할 수 있게 될 테니까요. 저는 일적으로도 이런 경험을 자주 하는 편입니다. 우연히 누군가의 미션과 비전을 알게 된 후 공감대를 형성하며 대화를 나누다가 나중에는 협업하는 사이로 발전하거나 클라이언트가 되는 경우가 많았거든요.

코로나19 사태로 우리가 안정적이라고 믿고 있던 기준이 무너져 내렸습니다. 냉정하게 말하면 나를 제외한 그 무엇도 안정적인 것은 없다고 생각하는 것이 오히려 더 안전할 수도 있습니다. 특히 코로나19 이후 다양한 장소에서 자유롭게 일하는 '리모트 워크'가 당연해졌습니다. '일에만 집중할 수 있어서 좋다', '이동 시간이 줄어들어서 효율적이다'라고 말하는 직장인들이 많아졌더군요. 이제는 재택근무가 새로운 삶의 방식이 되고, 꼭 필요한 경우가 아니라면 대면 미팅을 하지 않는 시대가 된 거죠.

그런데 이런 변화된 환경에 적응하지 못하는 직장인들도 많습니다. 사무실에 출근하는 것을 더 편안하게 느끼는 분들도 꽤 많기 때문이죠. 또 스스로 자신의 하루 일정을 조절하고 페이스를 유지하는 것에도 어려움을 느끼는 분들이 많습니다. 이런 이유 때문에라도 더더욱 자기 축을 구축해야 한다고 저는 생각합니다. 과거에는 조직이 개인을 컨트롤했다면 이제는 개인이 자기 자신을 컨트롤하는 시대로 바뀌고 있기 때문입니다.

저는 클라이언트에게 목표 달성을 하기 위해 가장 먼저 할 일은 자기 축을 정하는 것이라고 강조하곤 합니다. 이때 중요한 것은 그 누구도 아닌 내가 나 자신을 정의해야 한다는 것입니다. 그래야 항상 좋은 기분을 유지할 수 있고, 매사에 최선을 다할 수 있으니까요. 또 사람이란 원래 일관성의 동물입니다. 뭐든 자신이 스스로 정해서 내뱉고 나면 그대로 행동하려고 노력하는 게 사람입니다. 얼마 전 이직을 준비하고 있는한 클라이언트에게 기분 좋은 피드백을 받았습니다.

"자기 축을 명확히 하고 나니까 이력서가 쉽게 써지더라고요. 면접에서도 이전과는 비교도 안 될 만큼 쉽게 제 장단점과 생각을 전할수 있게 됐어요. 정말 감사합니다."

또 저와 세션을 진행하면서 자기 축을 명확하게 알게 된 한30대 IT 기업 경영자는 쓴웃음을 지으며 이런 말도 하더군요.

"저의 자기 축을 알고 나니까 저희 직원들 한 사람 한 사람의 자기 축도 궁금해지더라고요. 그리고 사장이 억지로 시킨다고 해서 직원들이 그 말을 듣지 않는 이유도 납득하게 됐어요. 서로에 대한 이해 없이 일방적으로 명령만 내리는데, 누가 그대로 따르겠어요. 솔직히 저도 남의 말 잘 안 듣는데 말이에요. 자기 축을 공부하면서 정말 많은걸 느끼게 됐습니다."

이렇듯 자기 축을 정확하게 알고 나면 삶의 전반에서 큰 변화가 일어납니다. 평생직장이라는 개념이 이미 사라진 지금. 독자 여러분도 이제부터 이력서를 업데이트하기 전에 자기 축부터 세워보시면 어떨까요? 앞으로는 우리 모두가 나는 누구이며, 무엇을 하고 있으며, 무엇을 목표로 하는지를 자연스럽고 당당하게 말할 수 있는 세상이 되면 정말 좋겠습니다.

· 4장 ·

내 기분은
내가 정한다

나를 기분 좋게 만드는 일을 찾아라

심지를 나타내기 위한 18가지 질문

정말 오래 기다리셨습니다. 이제 드디어 구체적으로 어떻게 하면 내 심지를 찾아서 표현할 수 있을지 알려드릴게요. 기본적으로는 나의 과거에 대한 여러 가지 자문을 반복하는 사이에 찾아낼 수 있습니다. 되도록 숨기지 말고 생각나는 것을 있는 그대로 써보세요. 여러분이 더 알기 쉽도록 30대 후반 남성 클라이언트의 사례를 들어보겠습니다. 대기업 간부로 일하고 있는 그와 저의 문답 내용입니다. 그의 인생이 어땠는지 느끼면서 읽어보세요.

질문 1 | 왜 심지를 찾고 싶은가?

나 : 왜 심지를 찾고 싶으세요?

클라이언트 : 항상 기분이 안 좋아요. 솔직히 내가 어떤 사람인지, 어떤 사람이 되고 싶은지도 잘 모르겠어요. 인간관계에서도 모욕을 당하는 느낌이 들 때가 많아서 괴로워요. 홀가분한 마음으로 살고 싶어요. 그리고 제 가능성을 찾고 그 가능성에 도전하고 싶어요.

나 : 내가 어떤 사람인지, 어떤 사람이 되고 싶은지도 잘 모르겠다는 게 무슨 뜻인가요? 구체적으로 설명해주세요.

클라이언트 : 제가 좀 계산적이고 모든 일을 삐뚤게 바라보는 것 같아요. 올곧게 살고 싶어요.

질문 2 | 자신을 어떤 사람이라고 생각하는가?

나 : 자신을 어떤 사람이라고 생각하는지 표현해보실래요?

클라이언트 : 덜렁이, 분위기 메이커, 꼰대, 관종.

나 : 왜 그렇게 생각하세요?

클라이언트 : 재밌는 걸 좋아하거든요. 어릴 때부터 무리의 중심에

있으려고 소란을 피우면서 안간힘을 썼어요. 초등학교 랑 중학교 때는 반장도 하고 학생회에서도 일했어요. 일을 맡아서 처리하는 걸 좋아했거든요. 초등학교 때 학생회 임원들이랑 학생 선언문을 만든 적이 있는데 그 때 선생님한테 엄청 칭찬받았거든요. 정말 기뻤어요. 아 마도 그게 계기인 것 같아요.

질문 3 | 주변 사람들은 당신을 어떻게 보고 있을까?

나 : 부모님이나 배우자, 친구, 동료 등등 주변 사람들은 당 신을 어떻게 보고 있을까요?

클라이언트 : 건방지고 수다스럽고 근거 없는 자신감을 가진 사람.

나 : 왜 그렇게 생각하세요?

클라이언트 : 윗사람들한테 겸손하게 굴고 싶지 않으니까요.

질문 4 | 자신의 성격 중 맘에 들지 않는 점은 무엇인가?

나 : 자신의 성격이나 행동 중에서 이건 정말 아니다 싶은 점은 무엇인가요?

클라이언트 : 저 자신을 지나치게 우선시하는 점이랄까요. 있어 보이고 싶어서 지나치게 부풀려서 말하고 행동하는 점이 있어요.

나 : 왜 그렇게 생각하세요?

클라이언트 : 늘 그런 태도를 취한 것 같아요. 회사 다면 평가에서 상사가 '다른 사람의 기분 특히 약자의 기분을 좀 더 알아주길 바란다'고 코멘트를 달았더라고요. 거만한 태도가 잘 안 고쳐집니다.

나 : 왜 그렇게 된 거 같으세요?

클라이언트 : 음, 초등학생 때 학교에서 착한 일을 하면 칭찬 스티커를 받을 수 있었거든요. 수업하기 전에 칠판을 닦고 칭찬 스티커를 기다리고 있는데 선생님이 갑자기 '누가 이 칠판 지웠어!'라고 농담으로 겁을 주더라고요. 스티커를 받긴 했는데 무서워서 손을 벌벌 떨었어요. 왜 그런 짓을 한 거냐고 자책하면서 혼자서 엄청 후회했죠. 스티커를 받고 싶어서 행동한 제가 좀 비열해 보이기도 했고요. 왠지 그 경험 때문인 것 같아요.

질문 5 | 아버지의 좋은 점과 나쁜 점은 무엇인가?

(없으면 다음 질문으로 넘어가세요)

※주의할 점 : 열 살 이전에 형성된 착각은 그 사람의 인생 전체를 지배하는 경향이 있다.

나 :　　　　아버지의 좋은 점과 나쁜 점을 생각나는 대로 이야기해
　　　　　　보실래요?

클라이언트 :　좋은 점은 감정을 솔직하게 이야기하셨다는 점인 것 같
　　　　　　아요. 한창 반항기일 때 오토바이를 타고 싶었는데 어
　　　　　　머니가 말리셔서 크게 싸운 적이 있어요. 저 때문에 속
　　　　　　상하셔서 어머니가 많이 우셨죠. 그때 아버지가 저한테
　　　　　　이렇게 말씀하시더라고요, '너 아직 미성년자고 내 자식
　　　　　　이니까 지금은 부모 말을 들어라!'라고요. 논리를 내세
　　　　　　워서 차근차근 설명하는 게 아니라 되게 감정적으로 말
　　　　　　씀하셨는데 그 모습이 기억에 남아요.

나 :　　　　왜 그런 점이 좋다고 생각하시나요?

클라이언트 :　어릴 때 저는 모든 것에 삐딱한 아이였어요. 별난 짓을
　　　　　　해서라도 관심을 끌려고 하는 버릇도 있었죠. 지금 생
　　　　　　각해보면 할아버지한테 영향을 받은 것 같아요. 할아버
　　　　　　지가 우리 집안은 두뇌파라고 말씀하셨거든요. 그래서
　　　　　　마치 세상을 다 달관한 것처럼 논리적으로 말하면서 잘
　　　　　　난 척을 했어요. 근데 아버지가 대놓고 그냥 솔직하게
　　　　　　감정적으로 말씀하시니까 왠지 안심이 되더라고요.
　　　　　　나쁜 점은 별로 없어요. 기본적으로 아버지를 존경하

거든요. 굳이 단점을 꼽자면 어릴 때 뭔가 잘못했을 때 많이 때리셨어요. 그때는 너무 무서웠어요. 폭력은 절대 좋은 게 아니라는 걸 아버지 때문에 깨달았어요. 그래서 저는 우리 아이들한테는 절대 폭력은 쓰지 않아요.

질문 6 │ 어머니의 좋은 점과 나쁜 점은 무엇인가?

나 : 어머니의 좋은 점과 나쁜 점을 생각나는 대로 이야기해 보실래요?

클라이언트 : 좋은 점은 권위에 흔들리지 않는다는 점이에요. 제가 고등학교 때 담배를 피우다가 걸려서 교장실에 불려간 적이 있는데요. 그때 어머니가 청바지를 입고 학교에 오셨어요. 권위에 주눅 드는 분이 아니신 게 기쁘고 자랑스러웠어요.

나 : 그게 선생님께 어떤 의미였다고 생각하세요?

클라이언트 : 좀 전에 말한 스티커 사건을 겪고 나서부터 권위가 있는 사람을 비열하다고 생각했던 것 같아요. 거기에 대항하는 것 같은 어머니의 모습이 멋져 보였어요. 나쁜 점은 '아버지를 떠받드는 내가 아버지보다 대단하다'는 뉘앙스의 말씀을 자주 하셨다는 거예요. 그 말을 어렸

을 때부터 자주 들었는데 듣기가 싫었어요. 좀 치사해

보이기도 했고요.

나 : 왜 그게 치사해 보였을까요?

클라이언트 : 음, 그러게요. 왤까요? 잘 모르겠는데 아무튼 치사해 보

였어요. 그러고 보니까 제가 그런 생각을 했다는 것도

방금 깨달았어요. 이제야 겨우 언어화할 수 있을 것 같

은데요.

질문 7 │ 어렸을 때 좋아했던 혹은 설렜던 일은 무엇인가?

나 : 어렸을 때 가슴 설렜던 일이 있었다면 뭘까요?

클라이언트 : 반에서 애들을 주도하는 게 좋았던 것 같아요. 생각해

보면 눈에 띄는 걸 즐긴 것 같아요.

나 : 왜 그랬던 것 같으세요?

클라이언트 : 그냥 사람들한테 주목받으면 너무 좋았어요. 칭찬까지

받으면 정말 기뻤던 거 같아요. 제가 정말 인정 욕구가

강하다는 걸 다시 한번 느끼네요.

질문 8 │ 어렸을 때 가장 슬펐던 일은 무엇인가?

나 : 어렸을 때 겪은 일 중에 뭐가 가장 슬펐는지 말씀해주

세요.

클라이언트 : "너 혹시 학교에서 애들이 괴롭히니? 선생님이 그러시
던데." 어머니한테 이 말을 들은 적이 있었는데 저는 그
이전까지 제가 왕따당하고 있는 줄도 몰랐어요. 그때
정말 너무 슬펐고 충격을 많이 받았어요. 지금 생각해
보면 그때 상처받지 않은 척하느라 엄청 힘들었어요.

나 : 그 일을 계기로 뭘 깨달았는지 구체적으로 말씀해주세요.

클라이언트 : ……. 아, 맞아요. 그 일로 상처받은 줄 알았는데 그게
아니었어요. 그 사건 이후로 다른 사람보다 저 자신을
우선하는 사고방식이 생긴 것 같아요.

질문 9 | 어렸을 때 꿈은 무엇인가?

나 : 어렸을 때 꿈이 뭐였나요?

클라이언트 : 총리가 되고 싶었어요.

나 : 어머, 왜요?

클라이언트 : 역사에 이름을 남기고 싶었거든요. 단순히 제 이름을 알
리고 싶은 욕심 때문이죠, 뭐. 근데 대학 입시에 실패해
서 포기했어요. 그때부터는 뭔가 목표를 세우고 그걸 달
성하려고 애쓰는 생활 방식에 심한 울렁증을 느껴요.

인생을 딱 한 번만 바꿀 수 있다면 어느 시점을

바꿀 것인가?

나 :　　만약 선생님 인생을 바꿀 기회가 딱 한 번 있다면 어느

　　　　시점을 바꾸고 싶으신가요?

클라이언트 :　아무래도 대학 입시 때죠. 그 이전까지는 일이 뜻대로

　　　　잘됐는데 수능을 망친 이후에는 자존감이 확 꺾였어요.

　　　　그때 생긴 열등감이 아직도 저를 괴롭히는 것 같아요.

질문 11　당신 인생에 지대한 영향을 끼친 긍정적 경험

세 가지와 부정적 경험 세 가지는?

나 :　　선생님 인생에 큰 영향을 준 긍정적 사건과 부정적 사

　　　　건 세 가지씩을 말씀해주세요. 그리고 그 사건을 통해

　　　　얻은 교훈은 뭐였는지도요.

클라이언트 :　아, 네. 아래 글로 정리해볼게요.

긍정적인 사건과 교훈

① 대학에서 성적 우수상을 받았던 일. 이때 '역시 하면

　　된다'는 확신이 생긴 것 같아요.

② 댄스 팀에서 센터 포지션을 획득한 일. 그 이전까지

는 운동을 못한다는 사실을 숨기고 살았는데 춤을 추
면서도 자부심을 가질 수 있다는 걸 느끼게 됐어요.

③ 밸런타인데이에 초콜릿을 스무 개나 받았던 일. 인기
를 얻으려고 엄청 노력했는데 그 결과가 나온 것 같
아서 자신감을 얻었어요.

부정적인 사건과 교훈

① 여자 친구가 폭행을 당한 일. 여자 친구도 저도 둘 다
너무 힘들고 괴로웠어요. 너무 힘들어서 한계가 오더
라고요. 그냥 내 자리에서 할 수 있는 일을 하는 게 여
자 친구를 도울 수 있는 방법이라는 걸 배웠어요.

② 해외 일류 대학으로 유학을 가고 싶었는데 영어 실력
이 부족해서 이류 대학에 간 일. 세속적으로 정해진 길
을 가려고 제가 너무 안간힘을 썼다는 걸 깨달았어요.

③ 친구한테 무시당한 일. 무시당해도 동요하지 않는 자
세와 확신 있는 행동이 상황을 바꿀 수 있다는 걸 배
웠어요.

질문 12 | 당신 인생을 바꾼 타인의 결정적 한 마디는?

나 : 선생님 인생을 바꿀 정도로 큰 영향을 받았던 타인의
한 마디가 있다면 뭘까요?

클라이언트 : "너의 그 오만한 말투와 태도가 기분 나빠." 사춘기에
들어섰을 때 제가 정말 좋아했던 형이랑 어머니한테 이
말을 꽤 자주 들었어요. 저는 정말 제가 오만하다는 의
견에 동의할 수 없었는데 몇 년 동안 듣다 보니 너무 괴
로웠어요. 그런데 아무리 노력해도 제 말투를 잘 고치
지 못해서 더 힘들더라고요. 가족들한테는 그때 제 심
정이 어땠는지 한 번도 말한 적이 없어요. 저는 가족들
을 진심으로 좋아했기 때문에 더 괴로웠던 것 같아요.

나 : 그 일로 뭘 깨달았는지 구체적으로 말씀해주세요.

클라이언트 : 다른 사람들의 시선을 의식하면서 조심스럽게 말하는
게 정말 중요하다는 걸 알게 됐죠. 이건 앞으로도 제가
풀어야 할 과제라고 생각합니다.

질문 13 | 인생의 모티베이션 그래프 를 만들어본다

※ 자세히 생각할 필요는 없습니다. 직감으로 그려주세요.

■ 스터디 케이스: 한 클라이언트의 모티베이션 그래프

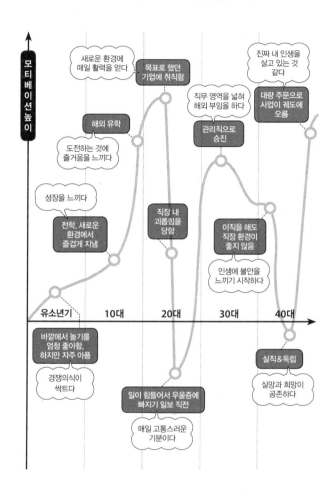

＊── 과거를 이해하는 방법으로 그 사람이 행동을 하게 되는 동기를 알기 위해
　　 자주 쓰이는 자기 분석 방법이다 ─ 옮긴이

질문 14 | 당신의 이상형은 누구인가?

(복수 응답 가능, 실존하는 인물이 아니어도 상관없습니다)

나 :　　　　　선생님의 이상형은 누구신가요?

클라이언트 : 아버지요.

나 :　　　　　왜 아버지한테 매력을 느끼세요?

클라이언트 : 감정을 숨기지 않고 솔직하게 대해주니까요.

질문 15 | 돈, 시간, 장소, 인맥 등에 아무런 제약이 없다면
　　　　　　무엇을 할 것인가?

나 :　　　　　만약 선생님이 돈, 시간, 장소, 인맥 등에 아무런 제약
　　　　　　없이 뭐든 할 수 있는 사람이라고 가정한다면 제일 먼
　　　　　　저 하고 싶은 일이 있나요?

클라이언트 : 여러 나라의 많은 사람들에게 예술 특히 댄스 퍼포먼스
　　　　　　를 즐길 수 있게 장소를 제공하고 싶어요. 그렇게 해서
　　　　　　많은 사람들이 예술을 즐길 수 있게 하고 싶어요. 지구
　　　　　　상에 빈곤이 사라지게 하고 싶고요, 유엔이 만든 2030
　　　　　　어젠다 지속가능발전목표(SDGs)에 도움이 되는 활동을
　　　　　　하고 싶어요. 또 서핑 여행을 하면서 자유로운 생활을
　　　　　　하고 싶고 제 아내와 함께 호화 여객선도 타고 싶네요.

나 : 　　　그중에서도 가장 하고 싶은 일은 뭐예요? 구체적으로
　　　　　말씀해주세요.

클라이언트 : 아, 가장 하고 싶은 걸 뽑는다면 제 아내와 함께 호화 여
　　　　　객선을 타고 여행하는 거요.

나 : 　　　그걸 할 수 있다면 기분이 어떨 것 같아요?

클라이언트 : 진짜 좋을 것 같아요! 근데 그 전에 일에서 성공하고 싶
　　　　　은 마음도 있어요.

질문 16 ｜ 가장 행복한 순간은 언제인가?

나 : 　　　선생님께서 가장 행복하다고 느끼는 순간은 언제일까
　　　　　요?

클라이언트 : 다른 사람을 걱정할 때, 경제적으로 풍족할 때, 가족들
　　　　　과 주변 사람들을 사랑하고 나도 그들에게 사랑받고 있
　　　　　다고 느낄 때요

나 : 　　　그런 나를 보면 기분이 어때요?

클라이언트 : 진짜 좋고 행복하죠!!

질문 17 ｜ 지금까지 질문에 대답하면서 깨달은 점을 정리한다

나 : 　　　이제 지금까지 답변한 내용을 생각하시면서 깨달은 점

을 정리해주시겠어요.

클라이언트 : 네. 이제 글로 정리해볼게요.

- 스티커 사건을 겪고 나서부터 일을 똑바로 볼 수 없게 됐다. 어른이나 세상을 보는 눈이 비뚤어졌다.
- 사실은 나도 아버지처럼 솔직하게 사람들에게 이야기 하면서 어울리고 싶다.
- 사람들이랑 웃고 떠드는 게 정말로 즐겁고 좋다.
- 여전히 나는 무리의 중심에 있고 싶다. 그 마음은 변하지 않았지만 우월감을 어필하는 건 사실 기분이 별로다.
- 부모님과 마찬가지로 나도 학력 콤플렉스가 있다. 그래서 계속 열등감을 느꼈다. 그걸 극복하고 새로운 도전을 하고 싶다.
- 자신 있게 행동하고 우월감을 어필하지만 솔직히 나는 자신이 없다.
- 항상 나는 다른 사람의 평가에 신경 썼다. 어떻게 해야 타인의 평가에 휘둘리지 않고 나 스스로 자신감 넘치고 기분 좋게 지낼 수 있을지가 내가 풀어야 할 숙제다.
- 진짜 내가 뭘 하고 싶은지 모르겠다. 솔직히 지금은 하

고 싶은 일이 확 떠오르지 않는다. 좀 더 이것에 대해 파고들고 싶다.

- 지금 생각해보니 나는 상처받는 게 너무 무서웠다. 그래서 사람들과 애정을 주고받지 못했다.
- 자신이 없어서 별난 행동을 해서라도 남들의 관심을 끌려고 하는 내가 싫다.
- 나에게 사람에 대한 애정이 있는지 의심스럽다. 내 안에는 확실히 애정이 있지만 조금 비뚤어져 있을 뿐이다. 그렇게 믿고 싶다.
- 나는 재수 없는 놈이다. 그렇게 생각하고 믿으려고 했던 것 같다. 그래서 괴로웠다.
- 마음 가는 사람을 배려하고 솔직하게 살아가는 게 가장 나다운 삶의 방식이다.
- 가장 하고 싶은 일은 아내와 함께 다양한 곳으로 여행을 다니는 것이다.

이렇게 스스로 답변해보는 과정에서 심지와 착각을 구분해보면 오른쪽 표로 나타낼 수 있습니다. 착각 중에는 인생을 전진시키는 엑셀 요인과 인생을 후퇴시키는 브레이크 요인

■ 케이스 스터디:
착각과 심지를 구분하고 자기 축(심지)을 구체화한 사례

	액셀 요인	브레이크 요인
착각	· 여전히 무리의 중심에 있고 싶다. 그 마음은 변하지 않았지만 우월감을 어필하는 건 사실 기분이 별로다 · 아버지처럼 사람들에게 솔직하게 말하면서 살고 싶다 · 학력 콤플렉스라는 열등감을 극복하고 새로운 도전을 하고 싶다 · 다른 사람들의 평가보다는 나 스스로 자존감을 느끼면서 기분 좋게 지내고 싶다 · 진짜 내가 뭘 하고 싶은지 모르겠다. 좀 더 나 자신에 대해 파고들고 싶다 · 한때 의심스럽기도 했지만 내 안에는 분명 사랑이 있다 · 마음이 가는 사람을 배려하고 솔직하게 살아가는 게 가장 나다운 삶의 방식이다 · 가장 하고 싶은 일은 아내랑 가족과 다양한 곳에 가는 것이다	· 일을 똑바로 보지 않는다 · 자신 있게 행동하고 우월감을 어필하지만 솔직히 나는 자신이 없다 · 부모님과 마찬가지로 나도 학력 콤플렉스가 있다. 그래서 계속 열등감을 느꼈나 · 다른 사람에게 평가를 받고 싶어서 우월감을 어필했고, 그 결과 인간관계에서 실패했다 · 진짜 내가 뭘 하고 싶은지 모르겠다 · 솔직히 지금은 하고 싶은 일이 확 떠오르지 않는다 · 상처받는 게 너무 무서웠다 · 자신이 없어서 별난 행동을 해서라도 남들에게 관심을 끌려고 하는 내가 싫다 · 나에게 사람에 대한 애정이 있는지 스스로 의심했다 · 나는 재수 없는 놈이다. 그렇게 생각하고 믿으려고 했던 것 같다
심지	· 사실은 사람들과 사랑을 주고받고 싶다 · 내 안에는 확실히 사랑이 있다 · 사람들에게 솔직하게 이야기하면서 어울리고 싶다 · 사람들이랑 웃고 떠드는 게 정말로 즐겁고 좋다	

이 있습니다.

질문 18 | 당신은 누구인가?

('나는 ○○하고 ○○한 사람(남자, 여자, 인간)입니다'라는 형태의 문장으로 표현한다)

나 : "당신은 누구신가요?"라는 질문에 뭐라고 답변하고 싶으신가요?

클라이언트 : 저는 '애정이 깊고 솔직한 남자'라고 답하고 싶어요.

두 달 동안 이어진 세션 과정을 통해서 그는 자기 자신에 대해서 깊이 들여다본 이후 이렇게 자신의 심지를 언어화할 수 있었습니다. 심지를 언어화한 이후 그는 매일 '나는 애정이 깊고 솔직한 남자다'라고 스스로를 생각하며 살게 되었습니다. 하지만 그 이전에는 매일 '나는 매정하고 비뚤어진 남자다'라는 생각 속에서 살았죠. 이 두 가지 인생이 어떤 차이가 나는지는 독자 여러분의 상상에 맡기겠습니다.

간단하면서도 강력한 질문의 기술

이제 중요한 보충 설명을 해보겠습니다. 질문하는 방법에 관해서입니다. 저는 클라이언트에게 어려운 질문을 하지 않습니다. 저의 질문 방식은 크게 세 가지입니다.

'왜?'

'어떻게?'

'구체적으로는?'

이미 눈치챘을 수도 있는데 지금까지 제가 클라이언트에게 한 질문은 시종일관 '왜?', '어떻게', '구체적으로는?'입니다.

그중에서도 자기 축을 결정할 때에는 가치관에 대한 질문이 많기 때문에 '왜?'라고 많이 물어봅니다. 그리고 '구체적으로는?'이라고 물어봄으로써 되도록 모호한 말을 구체적인 말로 바꾸고, 클라이언트가 명확하게 언어화할 수 있게 도와줍니다. 이 질문을 번갈아 가면서 하다 보면 클라이언트의 본질에 다가갈 수 있습니다.

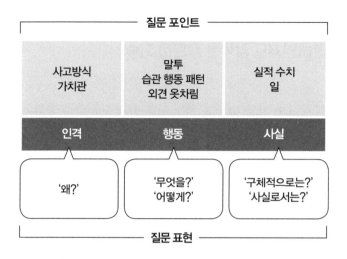

'무엇을?(What)', '어떻게?(How)', '왜?(Why)'라는 질문에 대한 대답이 바로 자기 축입니다. 클라이언트가 자기 축을 결정한 후, 현실에서 성과를 낼 때도 저는 이 세 가지 질문을 많이 던집니다.

물론 프로 코치는 이런 질문을 수준 높게 던지는 사람들입니다. 상대가 대답하기 쉬운 분위기를 만들면서 절묘한 순간에 적절하게 '왜?', '구체적으로는?'이라고 물어보죠.

지금 당장 코칭 수업을 듣기 어렵다면, 여러분이 신뢰할 수 있는 제삼자에게 이야기해보는 걸 추천합니다. 만약 마땅한 상대가 없다면 혼자서 자문자답해보세요. 188쪽에 나오는 예시처럼 차근차근 자문해보세요. 방향에 따라 질문도 달라집니다. 오른쪽 방향에서는 '구체적으로는?'이라고, 아래쪽 방향에서는 '왜?'라고 반복적으로 물어보세요. 오른쪽 아래로 가면 갈수록 자신의 가치관에 대한 대답이 더욱더 선명해집니다.

앞에 나온 18가지 질문에 답했던 클라이언트의 사례를 통해 다시 이야기해볼게요. 저는 질문 2로 등장했던 "자신을 어떤 사람이라고 생각하세요?"에 대한 답변을 통해 이분이 일을 승부를 겨루는 경기로 바라본다는 걸 알게 됐습니다. 여기 나오는 모든 질문을 스스로에게 해보세요. 어렵게 생각하지 말고 일단 왼쪽 위에서 오른쪽 아래로 '왜?'와 '구체적으로는?'을 반복하면서 자신의 마음속 깊은 곳에 자리 잡은 가치관을 찾아보면 됩니다.

이 과정을 반복하다 보면 피곤해질 수도 있습니다. 그래도 걱정하지 마세요. 클라이언트 중에도 이 세션을 할 때는 하품하는 분이 많거든요. 지루한 게 아니라 평소 쓰지 않는 뇌를 써야 하기 때문에 산소 부족을 일으켜서 하품이 나오는 겁니다. 많은 분들이 지루해하지만 막상 직접 답변을 하다 보면 마음

■ 질문2 자신을 어떤 사람이라고 생각하는가?

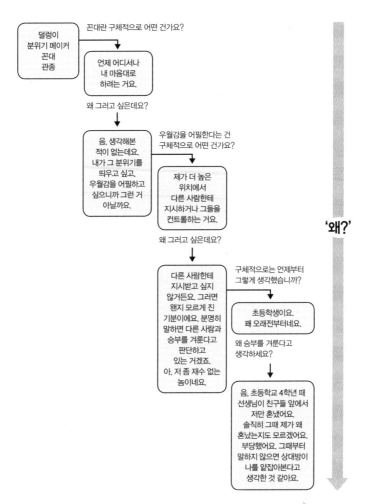

덜렁이
분위기 메이커
꼰대
관종

꼰대란 구체적으로 어떤 건가요?

언제 어디서나
내 마음대로
하려는 거요.

왜 그러고 싶은데요?

음, 생각해본
적이 없는데요.
내가 그 분위기를
띄우고 싶고,
우월감을 어필하고
싶으니까 그런 거
아닐까요.

우월감을 어필한다는 건
구체적으로 어떤 건가요?

제가 더 높은
위치에서
다른 사람한테
지시하거나 그들을
컨트롤하는 거요.

왜 그러고 싶은데요?

다른 사람한테
지시받고 싶지
않거든요. 그러면
왠지 모르게 진
기분이에요. 분명히
말하면 다른 사람과
승부를 겨룬다고
판단하고
있는 거겠죠.
아, 저 좀 재수 없는
놈이네요.

구체적으로는 언제부터
그렇게 생각했습니까?

초등학생이요.
꽤 오래전부터네요.

왜 승부를 겨룬다고
생각하세요?

음, 초등학교 4학년 때
선생님이 친구들 앞에서
저만 혼냈어요.
솔직히 그때 제가 왜
혼났는지도 모르겠어요.
부당했어요. 그때부터
말하지 않으면 상대방이
나를 얕잡아본다고
생각한 것 같아요.

'왜?'

'구체적으로는?'

이 후련해지는 기분을 느끼게 될 겁니다.

미션을 만드는 방법

심지를 명확히 언어로 표현할 수 있게 되셨나요? 그렇다면 이제는 미션을 만들어야 합니다. 뒤에서 미션과 비전을 나타내는 '9가지 질문'을 소개할 텐데, 그 전에 먼저 미션과 비전을 각각 나타내는 데 중요한 포인트를 설명할게요(150쪽 상단 그림을 다시 보면서 읽어주세요).

미션은 태어날 때부터 갖고 있었던 '심지'와 이런 경험을 했으니까 세상을 이렇게 바꾸고 싶다, 이런 사람과 어울리고 싶다(이른바 과거의 나)는 '경험'에서 비롯된 생각, 그리고 이런 걸 해줬으면 좋겠다, 나도 후세에 이런 걸 남기고 싶다는 '감사'의 마음이 결합된 것입니다. 미션은 심지와 마찬가지로 자신의 과거에 힌트가 있습니다. 심지와 경험 그리고 감사, 이 세 가지로 미션을 나타내면 유일무이한 것을 만들 수 있습니다.

알기 쉽게 말하면 초등학생 때 괴롭힘을 당했던 사람이 '괴롭힘 없는 세상을 만든다'고 미션을 내세우는 거죠. 심지는 선천적으로 타고나는 것이지만 미션과 비전은 후천적으로 만들어지는 것입니다. 그리고 즐거운 경험보다는 괴로운 경험이 더해지면 더욱더 에너지가 강하고 사회성 있는 미션이 됩니다.

왜 즐거운 경험보다 괴로운 경험에서 더 강한 미션이 나올 수 있을까요? 그것은 바로 열정 때문입니다. 괴로운 경험이 즐거운 경험보다 훨씬 더 열정적인 에너지를 만들어내기 때문이죠. 열정은 영어로 passion입니다. passion의 어원에는 괴로움, 고통스러울 만큼의 격한 감정이라는 뜻이 들어 있어요. 십자가에 못 박힌 예수의 육체적 고통과 수난을 뜻하기도 합니다. 사랑이 있기 때문에 고난에 맞닥뜨린다는 뜻으로도 해석할 수 있죠.

지금까지 클라이언트와 대화하면서 괴로운 경험을 한 번도 해본 적이 없다고 말하는 사람은 본 적이 없습니다. '지금의 나'가 아니라 '당시의 나'로 돌아가서 그때 느낀 감정과 함께 괴로웠던 경험을 떠올려보세요. 이것이 본질적인 미션과 비전을 나타내는 요령입니다.

그리고 심지, 경험과 더불어 중요한 요소가 감사입니다. 앞에서도 말씀드렸듯이 나를 길러주신 부모님, 주위 사람들, 환경, 윗세대에게 감사하는 마음입니다. 그 마음이 후세에 무언가를 남기고자 하는 뜻으로 이어집니다. 이런 이야기를 듣는 것만으로도 눈물을 흘리는 분들도 많습니다.

여러 클라이언트와 세션을 하면서 느낀 것 중에 하나는 인생의 무대에 따라 에너지원이 달라진다는 것입니다. 특히 사람은 나이를 먹을수록 스스로를 용서하면서 감사하는 에너지가 강해집니다. 그런 이후에는 가장 나다운 기분이 뭔지를 깨닫게 됩니다. 인생 정체기를 극복한 40대 여성 경영자 한 분은 이렇게 말한 적이 있습니다.

"예전에 저는 저의 불행을 한탄하면서도 누군가에게 도움이 되어야 한다고 조바심이 났는데 지금은 그런 괴로움에서 해탈했어요. 이제는 지금까지 나를 도와준 사람들에게 보탬이 되고픈 마음뿐이에요."

심지나 경험, 감사 중 하나만으로 미션은 완성되지 않습니다. 이 세 가지가 모여서 새로운 에너지를 만들어내면서 나의 미션이 완성됩니다.

비전을 만드는 방법

그다음으로 정해야 할 것이 비전입니다. 미션을 꾸준히 실천하면서 살다가 목숨이 끊어질 때 어떤 세상을 만들 수 있을까를 생각해보세요. 그것이 바로 나의 비전입니다. 비전은 '평생을 바쳐서 무엇을 이루어내는가'입니다. 이루어낸다고 하면 무겁게 느껴질 수도 있는데, 어디서 누구와 어떤 세계(무엇)를 보고 싶은지 생각해보면 됩니다. 심지와 미션은 과거를 되돌아보면서 나오지만 비전은 미래를 생각하는 과정에서 나온다는 게 다릅니다. 물론 미션과 비전 둘 다 남을 위하는 마음이 중요합니다. 타인의 응원을 받고 또 타인을 도와주고 싶은 마음. 그것이 대전제입니다. 지금까지 살면서 가장 즐거웠던 일을 떠올려보세요. 그 기억 속에 당신은 누군가와 함께 있지 않았나요? 대개 즐거운 기억 속에는 누군가가 있게 마련입니다.

이런 기억을 떠올릴 때는 순수하게 내 마음만을 생각하는 게 중요합니다. 내 마음속 깊은 곳에 들어 있는 비전을 끌어내야 하기 때문에 최대한 선입견을 갖지 말고 내가 느낀 그대로를 떠올리는 게 중요합니다. 또 비전을 정할 때는 스케일이 중요합니다. 스케일이 커질수록(예를 들면 이웃→지역→시→도→우리나라→세계) 내 기분을 더 북돋을 수 있습니다. 구체적으로 다음과 같은 말을 보태면 더욱더 스케일이 커지고 기분이 좋아지는 '나만의 말'을 만들 수 있습니다.

공간 시점(우리나라, 지구 등등)

희소성 시점(유일무이한, 오직 ~뿐인, 독자적인 등등)

비교 시점(No.1, 세계 제일, 압도적, 역사상 최대, 깜짝 놀라게 하다 등등)

충족 시점(가득, 끝까지 해내다, 넘쳐흐르다 등등)

일상 언어 시점(있는 힘껏, 반짝반짝, 멋있다, 감성 돋다 등등)

사람마다 기분이 좋아지는 단어는 다릅니다. 비슷한 뉘앙스라도 '열심히'라는 말이 좋은 사람도 있고 '악착같이', '한결같이', '끝까지 해내다'라는 말을 좋아하는 사람도 있습니다. 제 클라이언트 중에는 '시골에서 태어난 나는 내 고향을 북적이게 만들고 싶다, 많은 사람들이 지방에서도 세련된 라이프스타일을 즐길 수 있게 만들고 싶다'고 말하는 분도 있었습니다. 그의 원래 비전은 꽤 구체적이었습니다.

'도시 라이프스타일과 농촌 라이프스타일이 균형을 이룬 사회.'

하지만 왠지 제 마음에는 크게 와닿지 않았습니다. 너무 점 잖게 표현한 것 같은 느낌이랄까요. 균형이라는 말의 울림도 그와 어울리지 않았고요. 그 이후 세션을 거듭하는 동안에 그의 본심이 조금은 거칠고 야심 차다는 걸 알게 됐습니다.

"도시보다 사람들이 편하게 살 수 있고 도시만큼 일도 할 수 있는 인 프라가 갖춰진 시골 라이프스타일! 정말 멋지지 않습니까? 저는 그 걸 전국적으로 실현해보고 싶습니다!"

그리고 대화를 주고받으면서 마침내 그의 비전을 다시 정 했습니다.

'젊은이를 깜짝 놀라게 하는 인스타 감성 농촌 생활.'

'인스타 감성은 무슨 뜻이야?', '젊은이를 깜짝 놀라게 한 다는 게 무슨 말이야?', '왜 젊은이가 대상인 거야?' 언뜻 보 면 이런저런 궁금증을 불러일으키는 비전이죠. 하지만 이 비전이야말로 그의 기분을 북돋을 수 있다고 생각했습니다. '인스타 감성'은 유행어이기 때문에 아무래도 나중에는 다른 단어로 업데이트를 해야 한다는 걸 그도 인정했습니다. 그래도 지금 시점에서는 이 비전이 가장 자신을 잘 표현해준다고 생각한 그는 지금도 이 비전을 이루기 위해 매일 노력하고 있습니다.

미션과 비전을 찾기 위한 9가지 질문

앞에서 심지를 나타내는 질문을 소개했습니다. 그때 예로 든 30대 후반 남성의 사례를 참고하면서 구체적으로 미션과 비전을 어떻게 설정했는지도 알려드릴게요. 그는 미션과 비전을 찾기 위해서 다음 9가지 질문에 답했습니다.

질문 1 **당신 인생에서 역경은 무엇인가?**

나 : 선생님께서는 어떤 역경을 어떻게 이겨내셨나요?

클라이언트 : 대학에 떨어진 이후에 여자 친구한테도 차였어요. 그때

남들과는 다른 일을 해보려고 지구 끝 쪽으로 가서 오로라를 보기로 마음먹었죠. 그래서 아르바이트만 하면서 지냈어요. 대학교 2학년 때는 유학을 가서 학력의 폭을 넓혀보려고 했죠.

나 : 그 경험에서 어떤 걸 깨달았나요? 구체적으로 말씀해 주세요.

클라이언트 : 힘들 때일수록 나 자신을 채찍질하다 보면 길이 열린다는 걸 깨달았어요.

질문 2 │ 당신의 콤플렉스 또는 약점은 무엇인가?

나 : 선생님의 약점은 뭐라고 생각하세요?

클라이언트 : 운동도, 노래도 잘 못하고요. 또 코가 낮아요. 잘생기지 못한 게 약점이죠.

나 : 그런 점들 때문에 다른 사람보다 더 경험할 수 있던 것도 있을 텐데요. 어떤 게 있는지 구체적으로는 말씀해 주세요.

클라이언트 : 운동을 잘 못하는 만큼 다양한 스포츠에 도전했어요. 한 가지 일을 완벽하게 해내기보다는 즐기는 데 주안점을 두면서 살았죠. 노래를 못하고 얼굴도 잘생긴 건 아

니지만 여성들과 친해지는 기술을 체득했고요.

질문 3 | 당신이 인생에서 가장 많은 시간을 들인 일은?

나 : 선생님의 인생에서 가장 많은 시간을 들인 일이 있다면 뭘까요?

클라이언트 : 주변에 어려운 사람이 있으면 돕는 거요. 그리고 어떤 집단에 속하든 눈에 띄고 싶어서 노력했던 일이요.

나 : 왜 그러셨어요?

클라이언트 : 그냥 왠지 모르게 어려운 사람들을 도와주고 싶더라고요. 그러면서도 저는 확실히 눈에 띄면서 남들한테 인정받고 싶은 욕구가 강한 사람 같아요.

질문 4 | 언제 인간관계에서 가장 두려움을 느꼈나?

나 : 선생님께서는 지금까지 살면서 인간관계가 가장 무서웠던 적이 언제인가요?

클라이언트 : 사람들이 저를 호구 취급할 때가 있어요. 그때 정말 무서워요. 그래서 약점을 보이고 싶지가 않아요.

나 : 왜 그렇게 생각하게 되셨어요?

클라이언트 : 중학교 때 친구한테 엄청 무시당한 적이 있어요. 그때

부터 호구 취급당하면 안 된다는 생각이 확고해진 것

같아요.

질문 5 | 당신이 진심으로 도와주고 싶고,
도움이 되고 싶은 사람은?

나 : 선생님이 진짜 도와주고 싶은 사람은 누구인가요?

클라이언트 : 제 주변 사람들이죠. 저한테 호의를 갖고 있고, 저도 호

의를 갖고 있는 사람.

나 : 왜 그 사람들을 도와주고 싶어요?

클라이언트 : 모든 사람을 구할 순 없잖아요. 그러니까 우선순위를

정해야죠. 제 주변 사람들이 웃었으면 좋겠어요. 그러다

보면 그 끝에 점점 모두가 연결돼서 온 세상 사람들이

웃게 되지 않을까요? 그러면 좋겠습니다.

나 : 그러니까 결론적으로는 온 세상 사람들을 구하고 싶다

는 말인가요?

클라이언트 : 듣고 보니 그러네요. 그래서 살짝 우선순위를 정한 거

예요(웃음).

나 : 선생님이 절대 용납할 수 없는 일이 있다면 그게 뭔지 말씀해주세요.

클라이언트 : 빈곤과 전쟁이요.

나 : 왜 그렇게 생각하세요?

클라이언트 : 제가 인도에 가보니까 가난 때문에 고통스러워하는 사람들이 너무 많더라고요. 그 사람들을 보고 나서 정말 주체할 수 없는 무력감을 느꼈어요. 일 때문에 중동이랑 인도, 동유럽 그리고 전쟁이나 테러의 위험이 있는 나라에 머문 적도 있었는데요. 그때 정말 제가 좋아하는 친구들이 갑자기 무섭게 보일 때가 있더라고요.

나 : 그곳에서 구체적으로 뭘 깨달으셨나요?

클라이언트 : 폭력이 난무하는 세상을 보다 보니까 생명의 소중함이 절실히 느껴졌어요. 진심으로 세상이 평화로워지길 바랍니다.

나 : 선생님께 성공이란 어떤 의미가 있을까요? 그것을 통해서 무엇을 사회에 전달하고 싶나요?

클라이언트 : 제가 자기 확신이 있는 사람이면 좋겠고 그러면서 경제 적으로도 풍족하고 가족들과 사이가 좋으면 좋겠어요. 저처럼 행복한 개인, 행복한 가족들이 많아져서 전쟁이 나 빈곤이 없는 평화로운 세상이 있다는 걸 증명해 보 이고 싶어요.

나 : 왜 그걸 증명하고 싶으세요?

클라이언트 : 아……, 그러게요. 왜 그럴까요? 세계 평화나 빈곤이 당 연한 게 아니라는 걸 너무나도 잘 알기 때문에 그런 게 아닐까요? 사람들이 소소한 가족의 유대감 같은 것을 소중히 생각하면 좋겠어요. 진심으로요.

질문 8 │ 당신의 미션(사명)은 무엇인가?

나 : 선생님의 미션은 뭐라고 표현할 수 있을까요?

클라이언트 : 제 미션은 '사람들이 서로에게 진심을 말할 수 있는 환 경을 만들고 그 열기로 세상을 감동시킨다'라고 정했습 니다.

질문 9 │ 미션을 실천한 세계(비전)를 언어로 표현해본다면?

나 : 이제 선생님께서 미션을 실천했다고 생각해보세요. 그

이후에 선생님 눈앞에 보이는 세상이 어떤 모습일지 표현해보시겠어요?

클라이언트 : 말로 표현해본다면…… '사람들이 한마음이 되어서 감동이 무한대로 연쇄 반응을 일으키는 평화로운 세상' 정도가 아닐까요.

마지막으로 다시 한번 강조하자면 비전을 정할 때는 그 이전에 정한 심지와 미션 그리고 인생 목표를 어떤 한도 내에서 실행하고 싶은지 그 범위를 넣는 게 중요합니다. 이 클라이언트의 경우에는 '무한대로'라는 단어로 그 한도를 표현하고 있습니다.

자기 축을 방해하는 '7가지 맹점'

자기 축을 정할 때까지는 수없이 많은 공정이 있습니다. 한 마디 한 마디를 섬세하게 바꿔 표현하거나 첨삭하는 작업을 수없이 반복하기도 합니다. 더 이상 못하겠다는 생각이 들 때까지 말이죠. 그렇게 고치고 또 고치다 보면 가장 마음에 와 닿는 말을 찾을 수 있습니다. 자기 축을 언어화하고 그것을 실천하면 진짜 행복한 감정을 느낄 수 있습니다. 언어화했기 때문에 실행력이 생기는 겁니다. 정말 자신의 생각을 잘 드러내는 언어를 찾은 클라이언트들을 보면 표정부터가 딴사람 같습니다. 뭔가에서 벗어난 듯한 홀가분한 표정을 짓는 그분들의 모습을 볼 때마다 저 역시 너무 기쁘고 제가 선택한 이 직업이 진심으로 만족스럽습니다.

여러분도 자기 축을 문장으로 표현했다면 그것을 읽었을 때 내 감정이 어떤지를 생각해보세요. 그 문장을 입으로 발음했을 때 내 기분이 최고조가 되는지 그렇지 않은지를 따져보면 됩니다. 만약 기분이 좋아지고 마음이 충만해진다면 그 문장을 제대로 선택한 것입니다. 그렇게 제대로 된 문장을 정했다면 말로 한 번 발음했을 뿐인데도 나의 심지가 '사랑스러워지고', 미션이 '내 마음을 다잡아주며' 나의 비전이 '나를 설레게' 할 겁니다. 만약 그렇다면 정말로 당신에게 딱 맞는 자기 축을 정한 거라고 생각하면 됩니다.

그런데 만약 그렇지 않은 경우가 있다면 어떻게 해야 할까요? 마음이 충만하지 않고 기분도 별로 좋지 않다면 말이죠.

자, 그렇다면 이제부터 제가 설명하는 '자기 축을 방해하는 7가지 맹점'을 참고해보세요. 아래 내용을 기준으로 다시 한번 마음속 깊은 곳에 들어 있는 자기 축으로 파고 들어가면 됩니다.

① 등잔 밑이 어둡다

마케팅 컨설턴트로 일하고 있는 30대 여성 클라이언트의 사례입니다. 이분이 저를 찾아온 이유는 다음과 같습니다.

> "매일 감정 기복이 심한데 이걸 좀 해결하고 싶어요. 그리고 빨리 성장해서 성과를 올리고 싶고요."

그녀는 겉보기에는 미적 감각이 뛰어나고 자신만만한 것처럼 보였습니다. 그런데 대화를 나누다 보니 자신감이 부족하고 날마다 감정 기복이 심하며 그것이 컨디션으로도 쉽게 나타난다는 걸 알게 됐죠. 한편 그녀의 고객들인 기업 관리자들은 이분을 아주 마음에 들어 했습니다. 어느 날 그녀에게 느닷없이 전화가 걸려왔습니다.

클라이언트 : "선생님, 저 일하는 게 너무 힘들어요. 요즘 자신감도 떨어지고 클라이언트한테 하고 싶은 말도 제대로 못해 요. 구역질도 나고요. 저 아무래도 입스 증후군^{극단적인} 긴장 상태로 인하여 갑작스럽게 근육 경련이 일어나는 증상. 주로 골프 선수 들이 퍼팅을 할 때, 실패에 대한 두려움으로 나타나는 증상 - 옮긴이인 것 같아요."

나 : "아이고, 그래요. 근데 왜 하고 싶은 말을 못 하세요?"

클라이언트 : "그게, 저는 클라이언트분들이랑 비교하면 경험치도 부 족하고 공부도 부족한 것 같고…… 아무튼 부족한 것투 성이에요."

나 : "부족한 거랑 힘든 거랑 어떤 관계가 있는데요?"

클라이언트 : "그거야, 경험치가 부족하니까 클라이언트들이랑 일하 는 것도 힘들죠."

나 : "그래요? 그럼 어떻게 하면 안 힘들까요?"

클라이언트 : "……. 제가 진짜 일을 잘하는 수완 좋은 프로듀서가 되 면 안 힘들겠죠. 그럼 엄청 즐겁겠죠."

나 : "반대로 말하면 수완 좋은 프로듀서가 될 때까지 계속 힘들어하겠다, 뭐 이런 거예요?"

클라이언트 : "……. 확실히 끝이 없겠네요. 아, 지금이 딱 좋은 기분

우선법을 실행해야 할 때구나! 기분과 노력을 맞바꾸고 있으니까요."

나 : "맞습니다. 의뢰자인 기업 경영자분들이 선생님께 뭘 바랄까요?"

클라이언트 : "그거야. 물론 상품 기획과 그 개발 프로젝트를 추진하는 거겠죠."

나 : "업무로서는 그렇겠죠. 근데 그분들은 특별히 선생님을 선택해서 컨설팅을 의뢰했어요. 뭘 기대하고 있을까요?"

클라이언트 : "아, 모르겠어요."

나 : "그럼 질문을 바꿔볼게요. 일하는 동안 언제 가장 기분이 좋으셨어요?"

클라이언트 : "음, 일하는 동안에 모두에게 쓸데없이 말참견을 해서 웃을 때요(웃음). 그리고 제 한마디로 회의 분위기가 좋아질 때인 것 같아요."

나 : "그거예요!!"

클라이언트 : "어, 도대체 무슨 말씀이세요?"

나 : "혹시 직장에서 활력소 같은 존재 아닌가요?"

클라이언트 : "아, 듣고 보니 그런 것 같아요. 저한테는 당연한 건데

제 클라이언트들이 바라는 게 그거라고요?"

나 :　"네, 그분들은 선생님의 밝은 분위기나 엉뚱한 한마디

같은 걸 높이 평가한 게 아닐까요?"

클라이언트 :　"아~ 그렇군요. 저는 그것도 모르고 그분들이랑 비슷

한 수준으로 말해야 한다고 괜히 압박을 느낀 것 같아

요. 그래서 힘든 거였구나. 저 사실 분위기 메이커라 자

주 그래요. 근데 생각나는 대로 엉뚱한 걸 말해도 괜찮

을까요?"

나 :　"오히려 그분들은 그걸 바랄 거예요. 생각나는 말을 할

지 말지, 괜찮을지 어떨지 하는 기준을 잠시 내려놓으

세요. 선생님의 심지는 바로 '활력소'예요. 쾌활한 성격,

생각나는 대로 바로 말하는 엉뚱함, 기발한 아이디어,

뛰어난 미적 감각 같은 거 말이에요."

클라이언트 :　"아, 정말 감사해요. 완전 홀가분해졌어요. 나답게 하면

되는 거네요. 그분들은 오히려 저의 그런 점을 좋아하

시는구나. 이제야 알겠어요."

이 클라이언트처럼 자기 스스로 너무 당연하게 생각하는
것이 사실 자신의 심지인 경우가 정말 많습니다. 진짜 자신의

장점은 어쩌면 여러분이 너무 당연하게 생각해서 보지 못하고 있는 것일지도 몰라요. 등잔 밑이 어둡다는 건 바로 이런 뜻입니다.

② 타인의 시선을 지나치게 의식한다

만성적으로 고통스러운 기분에 빠지는 사람들에게 흔히 나타나는 버릇이 있습니다. 죽을힘을 다해 '제대로' 하는 자신에게 다가가려는 것이죠. 아무리 충분히 성과를 내더라도 그것은 진짜 자신이 바라는 건 아니기 때문입니다. 제 클라이언트 중에는 40대 후반 치과 원장이 있습니다. 오랫동안 치과 의사로 일해서 수입은 충분하고 주말에도 골프를 치러 다니는 등 불편할 게 하나도 없는 일상을 보내는 분이었죠. 그분이 지인의 소개로 저를 찾아왔더군요.

> "결혼 상대를 찾고 있는데 요즘 좀 교착 상태예요. 솔직히 제가 어떻게 하고 싶은지 모르겠어요. 아무튼 결혼할지 안 할지를 결정해서 결혼 상대 찾는 걸 끝내고 싶어요."

그는 현재 괴로운 심경을 토로하며 저와 세션을 시작했습니다.

나 : "몇 살까지 살고 싶으세요?"

클라이언트 : "일흔 살쯤이요."

나 : "마지막에 어떤 식으로 생을 마감하고 싶으세요?"

클라이언트 : "여유롭고 평범하게요. 가끔 골프를 치다가 어느 날 갑
자기 눈을 감는 거죠. 혼자여도 괜찮아요."

나 : "그래요? 그럼 인생에서 이것만큼은 꼭 하고 싶다. 그
런 일은 있습니까?"

클라이언트 : "아뇨, 없어요. 정말로 하고 싶은 일이 있을 만큼 대단한
사람도 아니고요."

나 : "그럼 요즘에는 고민이 뭐예요?"

클라이언트 : "제가 너무 어중간해서 고민이에요. 할 일을 제대로 안
하거든요. 잘하는 선배들을 본받아서 스터디 모임에도
나가는데 늘 100점을 못 받고 80점대에서 끝나요. 어
느 정도 요령은 있는 것 같아요."

나 : "80점도 대단한데요."

클라이언트 : "아니에요. 할 일을 제대로 안 하니까 그런 스터디 모임
같은 데라도 나가야 돼요."

나 : "잠시만요. 아까부터 제대로라는 말을 많이 하시는데 제대로라는 건 어떤 뜻인가요?"

클라이언트 : "제가 그랬나요? 음…… 제대로라는 건 주어진 과제를 어물쩍 넘기지 않고 해결하는 거요. 그러고 보니 제가 오늘 제대로라는 말을 계속했네요."

나 : "그런데 어떤 치과 의사가 되고 싶으세요?"

클라이언트 : "어떻게 뭐가 되고 싶다는 그런 마음이 없어요 정말이에요."

나 : "제가 지켜본 결과를 말씀드리자면 제대로 하는 치과 의사, 그러니까 실력 있고 잘하는 치과 의사가 되고 싶은 것 같거든요(웃음)."

클라이언트 : "아뇨, 그건 아니에요."

나 : "그래요? 근데 제대로 하는 치과 의사가 되려고 열심히 하잖아요?"

클라이언트 : "네? 제가요? 정말요? 음, 선생님 말씀을 듣고 보니 그런 것 같기도 해요. 실력 있고 잘하는 치과 의사가 되려고 열심히 하는 것 같아요."

(머리를 감싸며 잠시 침묵)

나 :	"이제 좀 알 것 같죠? 제대로 하는 치과 의사가 누구인
	지?"
클라이언트 :	"네. 어릴 때부터 뒤에서 손가락질당하지 않으려고 애
	쓰며 살았는데 그러다 보니까 평판에 신경 쓰게 된 거
	같아요."
나 :	"언제부터요?"
클라이언트 :	"음, 초등학교 때요. 친구를 다치게 했거든요. 그때부터
	저는 제멋대로인 인간이니까 말하지 않는 게 낫다고 생
	각했어요. 아휴, 정말. (머리를 감싸며 또다시 잠시 침묵) 이
	런 말하면 안 되는데…… 사실 지금은 치과 의사가 재
	미없어요."

요령 있게 일을 해내는 능력이 뛰어난 사람일수록 이처럼 주위 사람들의 시선에 일일이 반응하면서 사는 경우가 있습니다. 어느 정도는 남의 시선을 신경 쓰는 것도 괜찮습니다. 하지만 너무 그렇게만 산 경우에는 인생 후반기에 정체기를 겪는 경우가 많습니다. 사회적 지위와 경제적 안정감을 얻은 중년 이후에 심한 우울감에 시달리는 거죠. 비슷한 사례로 30대 변호사 클라이언트가 있습니다. 그는 이런 고민을 털어

놓더군요.

"지금 실수 없이 일을 처리하는 제가 싫어요. 제가 체면을 차린다는 것도 어렴풋이 알고 있어요. 그래서 그런지 너무 힘들어요."

그는 자신의 문제가 뭔지 알고 있었습니다. 앞에서 말한 치과 원장과 마찬가지로 주위 사람들의 시선을 지나치게 의식하면서 '제대로 일하는 나'를 위해서만 살았죠. 그래서 그는 '만만하게 보이면 안 된다, 변호사의 위엄이 중요하다'라는 생각을 자주 하면서 주변 사람들을 의식하느라 엄청난 스트레스를 받았던 겁니다. 그런 모습이 진정 그다운 모습이 아니라는 게 제 눈에는 빤히 보였습니다. 그의 생각과 달리 주변 사람들은 '친절한 사람이다. 말 걸기 쉽다'라고 평가했습니다. 그래서 저는 이렇게 피드백을 했습니다.

"주변 사람들 시선에 신경 쓰지 말고 그냥 친절하게 사세요. 자신을 드러내는 게 두려울수록 자신을 드러내야 합니다."

그 직후 그는 '함께 차 한잔 마실 수 있는 변호사'라고 자신을 브랜딩하여 단숨에 지명도를 올리며 주위에서 잘나가는 인기 있는 변호사가 되었습니다. 앞서 말한 치과 원장도 아주 유머 넘치는 사람으로 동업자들 사이에서도 인기 있는 치과 의사가 됐죠. 지금은 '전국에서 가장 유쾌한 치과 원장'을 비전으로 만들어서 즐겁게 병원 운영을 하고 있습니다. 그러니 비전이 나와 맞지 않는 것 같다면 주변 사람들의 시선에서 벗어나 생각해보세요.

③ 자신을 정반대로 알고 있다

다시 한번 말하지만 기분 좋게 활기차게 살고 싶다면 진짜 자신이 바라는 게 뭔지 알아내고 그것을 행동에 옮겨야 합니다.

이번에는 실내 인테리어 시공사 사장인 클라이언트의 사례를 소개할게요. 이분은 지난 30년 동안 자기 자신을 잘못 알고 있었습니다. 아니 더 심하게 표현하자면 정반대의 인간이라고 생각했죠. 그런데 지금은 정말 활기차게 하루하루를 살고 있습니다.

이분은 거만한 말투와 행동 때문에 직원들과 사이가 별로 안 좋았습니다. 그 탓에 직원들이 너무 자주 바뀌었고 사업을 확대하는 것도 한계에 부딪혔죠. 본인 기대에 미치지 못하는 직원들이나 외주 협력사 사람들한테는 심하게 짜증을 냈습니다. 물론 그 스스로도 자기 잘못을 잘 알고 있었습니다. 예의 없이 말하고 거만하게 행동하는 자신을 아무도 좋아하지 않는다는 걸 인식하고 있었던 거죠.

나 : "왜 그렇게 직원들을 함부로 대하세요?"

클라이언트 : "제가 좀 옛날부터 그런 성향이었던 것 같아요. 운동을 해서 그런가? 근데 곰곰이 생각해보니까 제가 별로 안 좋아하는 선배들한테도 똑같이 이런 식으로 함부로 대했던 것 같아요."

나 : "언제 적 얘기예요?"

클라이언트 : "사회인이 되고 나서요. 상사한테 대들면서 대판 싸운 적이 있거든요. 아, 학창 시절에도 어른들한테 반항적이었어요. 선생님이 억지 주장을 하면 반을 대표해서 대들었거든요. 고등학교를 졸업하고 다들 국내 대학에 진학하는 걸 보니까 평범한 길을 가고 싶지 않더라고요. 그래서 해외로 유학을 떠났어요. 그러고 보니 저 반골 기질이 강한 것 같아요."

이분은 자신이 '반골 기질'이 강하다고 줄곧 생각한 것 같습니다. 모든 행동의 근원은 사회나 조직에 반발하는 마음입니다.

나 :	"반골 기질은 언제부터 시작된 걸까요?"
클라이언트 :	"중학교에 입학했을 무렵부터요."
나 :	"그전까지는 어떤 사람이었어요?"
클라이언트 :	"초등학교 때는 주변에 산이 있고 자연으로 둘러싸여서 자유롭게 자연 속에서 뛰놀았어요. 기지를 만들기도 했고요. 사람들한테 대범한 아이라는 말을 자주 들었고 저도 그렇게 생각했어요. 어머니도 어릴 때는 밖에서 뛰놀라고 말할 뿐 그 외에는 별다른 말씀을 안 하셨어요."
나 :	"대범한 아이가 왜 반골 기질이 됐을까요?"
클라이언트 :	"그러게요. 제가 왜 이렇게 된 걸까요? 음, 자유롭고 대범하게 살고 싶었는데 중학교에 들어간 이후부터는 너무 억지스런 규칙이 많아서 반항적으로 바뀐 것 같아요. 친구들도 그런 제 모습을 좋아해줬고, 저도 올곧은 제가 멋있었고요."
나 :	"그래요? 그럼 둘 중 어떤 모습이 진짜 자신일까요?"

클라이언트 : "아, 그렇게 생각하니까 뭔가 답이 나오는 것 같아요. 저는 확실히 대범한 인간 쪽이 끌려요. 자연 속에서 뛰어놀던 시절의 저요. 그건 반골이랑은 정반대네요. 우아, 이제 좀 알겠어요. 반항하긴 했지만 제가 누구인지, 어떤 사람인지는 몰랐습니다!"

이 세션을 통해 그는 마침내 진짜 자신의 존재를 깨달았습니다. 온라인을 통해서 느낀 거지만 자신의 진짜 모습을 깨닫고 감동하는 그의 모습을 잊을 수가 없습니다.

그 이후 그는 원래 자기 모습인 자연 속에서 뛰놀던 '온화한 나'의 모습 그대로 직원들을 대하려고 노력했습니다. 그러다 보니 2주일 후에는 이미 인간관계에 변화가 일어났더군요.

"선생님 말씀드릴 게 있는데요. 선생님과 세션 진행한 후에 제가 짜증이 없어져서 그런지 아주 기분 좋은 하루하루를 보내고 있어요. 그러다 보니까 정말 신기한 게 직원들이 알아서 열심히 하더라고요. 관계가 너무 편안해졌어요. 왜 이런 거예요?"

그는 온화한 자신의 진짜 모습으로 돌아가자 행복한 감정 상태로 바뀐 겁니다. 그 자신이 행복해지니까 자연스럽게 주변 사람들이 함께 일하고 싶어 하고 함께 대화하고 싶어 한 거죠. 이 과정은 너무나 당연한 겁니다.

④ 회사의 미션을 자신의 미션으로 혼동한다

제 클라이언트 중에는 중소기업 경영자분들도 많은데 그중에는 '회사의 밸류, 미션, 비전'과 '자신의 심지, 미션, 비전'을 혼동하는 분이 꽤 있더군요. 그 둘을 혼동하면 회사의 미션이 위축되는 것도 문제지만, 자기 자신의 미션을 회사의 미션과 동일시하면서 오류가 생길 수밖에 없습니다.

개인의 미션과 회사의 미션은 단어부터가 다릅니다. 회사의 미션은 공적으로 표명하는 것이기 때문에 너무 추상적이면 사람들을 설득할 수 없습니다. 꼭 대중적인 언어로 표현해야 합니다. 하지만 그에 비해 개인의 미션은 사람에 따라 자신의 정체성을 드러내는 말이기 때문에 추상적인 표현이 많습니다. 내가 '이런 느낌'이라고 생각하면 그걸로 충분한 거죠. 나만 알고 있으면 되니까요. 이 둘을 분리하는 이유는 간단하게 말하면 전혀 다른 인격이기 때문입니다.

아래는 그 둘을 뚜렷하게 분리하지 못한 부동산 회사 사장과 세션에서 나눈 대화입니다.

클라이언트 : "집안 대대로 내려오는 땅을 가지고 있습니다. 물려받은 땅을 지금처럼 그대로 후세에 확실히 계승하는 게 제 미션 같아요. 근데 1년 전부터 계속 몸이 안 좋습니다. 두통이 심하고 구역질도 나고요."

나 : "1년 전쯤부터 뭔가 바뀐 게 있나요?"

클라이언트 : "이게 관련이 있는지는 모르겠는데 물려받은 땅을 태양광발전용과 풍력발전용으로 개발하고 있습니다."

나 : "그래요? 음, 이제 좀 다른 얘기를 할 건데요. 너무 놀라지 마세요."

클라이언트 : "네."

나 : "숨이 끊어질 때 어땠으면 좋겠습니까?"

클라이언트 : "형제랑 가족들이 건강하고, 손주들뿐만 아니라 모두가 웃으면서 제 임종을 지켜봤으면 좋겠어요."

나 : "그래요? 그럼 그때까지 어떤 사회를 만들고 싶으세요?"

클라이언트 : "부동산 사업을 계속하면서 의료 복지에 참여하고 건강식품도 판매하고 싶어요. 앞으로는 몸과 마음이 건강해

지는 사업을 하고 싶습니다."

나 : "왜 그런 사업을 하고 싶으세요?"

클라이언트 : "치유의 공간을 만들고 싶거든요. 자연 속에서 마음 놓
을 수 있고 좋은 기운이 흐르는 곳이요."

나 : "오호, 구체적으로 어떤 공간인가요? 생각하고 있는 걸
자세하게 메모해보세요.

(3분 후) 노트에 뭐라고 썼는지 알려주세요."

클라이언트 : "주변에 고요한 자연이 펼쳐져 있어요. 물가도 있고 새
가 지저귀고 적당히 밝고요. 벌레 소리가 들리고 논이
랑 밭도 있습니다."

나 : "그 공간은 어떤 곳인가요?"

클라이언트 : "제 이상 세계요."

나 : "그 이상 세계는 어디에서 온 건가요?"

클라이언트 : "어, 어디에서라니요? 그게 무슨 말씀이세요?"

나 : "어디에서 영감을 받았느냐 뭐 그런 뜻입니다."

클라이언트 : "어, 저 자신인데요."

나 : "아, 그래요. 그럼 왜 그런 이상 세계를 만들고 싶은 마
음이 들었을까요?"

클라이언트 : "어, 잘 모르겠어요. 그냥 그러고 싶더라고요."

나 : "네, 지금 말씀하신 그 이상 세계가 선생님의 심지이자 비전이에요. 선생님을 표현하는 정신 그 자체인 거죠."

클라이언트 : "아, 뭔지 알겠어요. 예전부터 자연 속에서 지내서 그런 지 자연이 무섭기도 하지만 너무 좋아요. 태양광발전 개발을 할 때 나무를 싹둑 베어서 그런지 엄청 메마르고 스산한 느낌이 들었어요. 정말 이래도 되나 싶더라고요. 그 무렵부터 몸이 안 좋아진 것 같아요."

그의 경우에는 어떻게 하면 토지를 활용해서 후세에 물려줄까 하는 고민에서 시작한 토지 개발 사업이 정말 소중한 가치(자기 축)를 망가뜨린 것 같았습니다. 자기 스스로도 그걸 깨닫지 못했지만 몸으로 나타난 거죠.

또 그는 사장이기도 했지만 대를 이어온 집안의 장남이기도 했습니다. 특히 2대째, 3대째 가업을 물려받은 사람의 경우에는 자기 축과 다른 일을 하게 되는 경우가 참 많습니다. 만약 이런 경우에 해당된다면 회사의 미션과 자기 개인의 미션을 분리해서 생각해보는 게 정말 중요합니다. 이분의 경우 나중에 이야기를 들어보니 토지 개발 사업을 중단하고 새롭게 사업의 판단 기준을 만들었다고 하더군요.

⑤ 흑백논리에 빠져 있다

결혼상담소를 운영하는 비즈니스 파트너가 결혼을 결심하지 못하는 회원을 가끔 소개해줍니다. 그때 저는 결혼에 초점을 맞춘 이야기는 하지 않습니다. 인생 전반에 대한 사고방식에 변화를 줌으로써 결혼에 대한 생각도 깔끔하게 정리해줄 뿐이죠.

이야기를 들어보면 결혼했을 때와 결혼하지 않았을 때를 저울질하는 흑백논리적 사고가 행복과 멀어지는 길을 유발하기도 합니다. 다음은 대기업 제약 회사 영업 사원인 30대 남성의 사례입니다.

> **클라이언트 :** "이제 슬슬 나이도 찼고 노후를 생각하면 외로울 것 같기도 해서 결혼하고 싶은 마음이 들거든요. 근데 저랑 잘 맞는 사람이 없으면 굳이 결혼해야 하나 싶기도 해요."
>
> **나 :** "꼭 하고 싶은 건 아니네요. 근데 왜 결혼 상대를 찾으세요?"
>
> **클라이언트 :** "결혼하면 집에 가도 말동무가 있으니까 외롭지 않을 것 같거든요. 아이를 가질 수도 있고요. 근데 지금은 나만 생각하면 되니까 자유롭고 쾌적해요. 나름 벌이도

괜찮고 반려동물도 있고 러닝하고 싶을 때는 나가서 정처 없이 뛰기도 하고요. 그런 생활을 포기하면서까지 결혼할 필요는 없는 것 같아요."

나 : "그래요? 질문이 살짝 이야기에서 벗어나는데 선생님께 인생이란 무엇이냐고 물으면 뭐라고 대답할 거예요?"

클라이언트 : "음, 양자택일이요."

나 : "양자택일이라는 게 어떤 뜻이에요?"

클라이언트 : "인생의 고비마다 둘 중 하나를 골라서 결정을 반복하고, 그렇게 쌓아올린 걸로 인생이 결정된다는 뜻이에요."

나 : "그런 뜻이구나. 왜 그렇게 생각하세요?"

클라이언트 : "대학 1학년 때 선배가 인생은 양자택일이라고 말했는데 그 말을 들었을 때 왠지 이해가 되고 마음도 아주 편안해지더라고요."

나 : "오, 그래요? 그러니까 지금은 결혼할지 안 할지 양자택일하는 중이네요?"

클라이언트 : "맞아요. 결혼하는 거랑 결혼하지 않는 거, 둘 중에 뭐가 더 나은지 저울질하고 있어요."

나 : "문득 든 생각인데요. 내 이야기를 들어주고 어느 정도 원하는 대로 해주고 아이를 원하고 반려동물을 함께 키

우면서 일정 수준 소득이 있는 여성과 결혼하면 안 되
나요?"

클라이언트 : "아뇨, 되죠."

나 : "결혼이란 게 뭔가를 얻으면 뭔가를 잃어야 하는 건가
요? 결혼하고 모든 면에서 만족스러워하는 사람도 있
잖아요? 그건 왤까요?"

클라이언트 : "……(활짝 웃는 얼굴)."

나 : "이제 좀 깨달은 것 같은데요."

클라이언트 : "네, 이야기를 듣다 보니까 알겠네요."

나 : "이제 어떻게 하실 거예요?"

클라이언트 : "반년 안에 결혼할래요(활짝 웃는 얼굴)."

이 클라이언트는 세션을 시작하고 나서부터 한 시간 동안
줄곧 우유부단한 태도를 보였습니다. 하지만 변화는 정말로
한순간입니다. 세션 후 이분은 딴사람처럼 적극적으로 결혼
상대를 찾기 시작했고 여성들에게 끊임없이 애프터 신청을
받았습니다.

인생을 살다 보면 흑과 백, 두 가지 선택지 중 하나를 고르
는 게 아니라 그냥 내 마음이 동하는 선택지를 스스로 만들어

내는 것도 중요합니다. 꼭 남들이 정해놓은 두 가지 길 중 어느 하나를 선택해야 한다고 생각하지 않아도 됩니다. 내 마음이 움직이는 대로 제삼의 선택지를 고르면 되니까요.

⑥ 자기감정을 이해하지 못한다

한 30대 부동산 회사 경영자 클라이언트의 사례를 소개할게요. 이분은 자신의 심지를 모르고 스스로를 고통으로 몰아넣고 있었습니다. 그의 경우, 직원들이 이직할까 봐 불안해서 메신저로 매일 연락했는데, 그 행동이 오히려 직원들에게 부담을 줬습니다. 그래서인지 비즈니스에서 사업 기회는 충분히 있었는데도 최근 1년 동안 진척이 없었습니다.

> **클라이언트** : "저는 우리 직원들을 정말 좋아합니다. 근데 돈으로만
> 연결돼 있는 것 같아요. 감사하는 게 중요하다는 말도
> 자주 듣고 그런 책도 읽었는데 감사한다는 마음이 뭔지
> 잘 모르겠어요. 인간관계는 기브 앤드 테이크잖아요. 솔
> 직히 저 좀 깨죠?"
>
> **나** : "걱정하지 마세요. 감사할 줄 모르는 사람은 그런 말을
> 안 하거든요."

클라이언트 : "그렇게 말씀해주니까 안심이 되네요."

나 : "근데 왜 감사하는 마음이 뭔지 모른다고 말씀하세요? 정말 감사할 줄 모르는 사람이라면 자신이 그런다는 것조차 깨닫지 못할 텐데요."

클라이언트 : "듣고 보니 그러네요……. 아, 경영자 모임에서 한 동료가 '사랑합니다, 감사합니다'라고 말하며 팀을 한데 모으는 모습을 보면서 그런 아름다운 세상이 있구나 하고 사실 좀 흥미가 생겼거든요."

나 : "그래요? 그럼 지금까지는 인생에서 뭘 중요시하셨어요?"

클라이언트 : "성과랑 돈이요. 좀 비호감이죠? 근데 저랑 어울리는 사람들이 웃었으면 좋겠어요. 이건 진심이에요."

나 : "목표 매출은 얼만큼 달성하셨나요?"

클라이언트 : "계획한 건 이미 달성했습니다. 수입도 창업할 때 예상한 만큼 들어왔고요."

나 : "직원들은 어떤 식으로 일하고 있나요?"

클라이언트 : "매출 목표 수치에 신경 쓰느라 바빠 보이긴 하는데요. 엄청 화기애애하게 일해요."

나 : "직원들은 얼마나 그만뒀나요?"

클라이언트 : "최근 반년 동안에는 그만둔 사람이 없는데요."

나 : "그래요? 그럼 대체 뭐가 문제일까요?"

클라이언트 : "······직원들이 그만둘 것 같아서······. 이제야 알 것 같 아요. 제가 어중간해서 그래요. 창업하고 나서부터 지금 까지 매출을 올리기 위해 안간힘을 썼고 그걸 다 해냈 는데요. 정체기에 빠진 것 같아요. 그런 와중에 자기 축 이 뭔지 감을 못 잡았어요. 그래서 사업 확대도 제대로 못하고 직원도 못 뽑았어요. 오히려 직원들이 그만둘까 봐 불안해서 그런 것 같아요."

나 : "그럼 지금 있는 직원들은 창립 멤버인가요?"

클라이언트 : "맞아요. 한 명 빼고 나머지 다섯 명은 창립 멤버입니다."

나 : "지금까지 함께한 멤버가 돈으로 연결되어 있다고 말하 면요?"

(서로 웃으며)

클라이언트 : "그건 좀 그렇죠(웃음)."

나 : "그죠(웃음). 이제 기분이 어때요?"

클라이언트 : "진짜 고마운데요. 이런 거구나. 왜지? 아, 지금까지 불

안에 사로잡혀 있었네요."

나 : "왜 불안했을까요?"

클라이언트 : "저는 왠지 제가 직원들을 기쁘게 해주지 않으면 그만 둘지도 모른다고 생각했던 것 같아요."

나 : "지금까지 자기 자신을 어떻게 생각하셨나요?"

클라이언트 : "아, 그 질문을 받고 나니 알겠네요. 저는 자신감이 없고…… 그다지 존재감도 없다고 생각한 것 같아요."

　

그는 자신이 아무것도 하지 않으면 '존재감이 없다', '가치가 없다'고 믿었습니다. 그런 착각을 품고 있다 보니 직원들이 그만둘까 봐 전전긍긍하고 그것 때문에 사람을 뽑는 것 자체도 꺼렸던 거죠. 사람들과의 관계도 그저 갑과 을의 관계, 계산적이고 비즈니스적인 관계일 뿐이었죠. 그런데 그의 마음을 잘 들여다본 후 심지를 찾게 됐는데 놀랍게도 그것은 '주위 사람들을 웃게 만드는 나, 주위 사람들과 함께 웃는 나'였습니다. 원래 그는 사람들을 좋아하고, 의지하며, 늘 감사한 마음을 품고 있던 사람이었던 겁니다. 그걸 깨달은 이후 그는 많은 변화를 겪게 되었습니다.

물론 모든 것이 자기 마음대로 잘 풀릴 때는 이렇게 자기감정을 솔직하게 들여다볼 필요가 없을 수도 있습니다. 하지만 문제는 잘 풀리지 않을 때 드러납니다. 내 뜻대로 일이 진행되지 않을 때야 비로소 나 자신의 감정을 찬찬히 잘 들여다보게 되니까요. 그러므로 지금 뭔가가 잘되지 않고 정체되어 있다면 이때야말로 내가 내 감정을 잘 들여다보고 나 자신의 기준을 확립할 기회라고 생각해보세요.

⑦ 건강 상태 불량

한 클라이언트가 경영하는 IT 벤처 기업은 창업 시작 단계를 빠져나와 매출도 계획만큼 안정적으로 웃돌았습니다. 그런데 직원이 열다섯 명가량 늘어나자 성장 정체기에 빠졌습니다. 회사의 확고한 미션을 다시 만들기 위해 대표는 저에게 도움을 요청했습니다.

그런데 그와 6개월 동안 세션을 진행하면서 제가 절실히 깨달은 점이 하나 있습니다. 그것은 바로 몸의 컨디션이 자기 축 만들기에 지대한 영향을 준다는 것입니다. 아침 일찍 일어나서 달리기로 하루를 시작한 주에 그는 컨디션이 아주 좋았습니다. 그때 세션을 통해 정한 비전은 무척 소중한 것이었습니다.

"진짜 좋은 게 나왔는데요! 이제 이게 진짜 마지막이에요!!"

우리는 그렇게 말하면서 아주 기뻐했습니다.

그런데 회사 일 때문에 스트레스를 받은 그다음 주에 그는 달리기를 할 수 없었습니다. 그러면서 전과 다른 행동을 하기 시작했습니다.

"이 비전이 좀 공감이 안 돼서 그러는데 바꿔도 될까요?"

"이건 동업자가 보면 좀 지적할 것 같은데요."

이미 정한 비전이 맘에 들지 않는다며 두 번이나 의견을 번복했던 겁니다. 이 사례에서 알 수 있듯이 몸 상태에 따라 큰 영향을 받는 사람도 꽤 있습니다. 그러므로 가능하면 몸 상태가 좋을 때 자기 축을 만드세요. 몸이 홀가분하고 기분이 좋아야 나에게 잘 맞는 비전, 스케일이 큰 비전이 나올 수 있습니다.

· 5장 ·

멘탈 강한 사람이 아니라,
기분 좋은 사람이 이긴다

인생의 궁극적 목적은 기분 좋게 살아가는 것

죽을 때까지 자기 축으로 살아가는 비법

4장까지는 어떻게 하면 자기 축을 찾을 수 있는지에 대해서 말씀드렸습니다. 이제 마지막 장에서는 자기 축을 찾은 이후, 어떻게 하루하루를 살아가야 하는지에 대해 이야기해볼게요. 좋은 기분 우선법을 실천하기 위해서 가장 중요한 것은 자기 축을 지키면서 사는 것입니다. 자기 축은 스스로 정의한 자신 그 자체입니다. 앞서 말했듯이 저의 자기 축은 다음과 같습니다.

심지 : 나는 사랑과 열정이 넘치는 남자다.

미션 : 사람들의 마음에 폭발적인 힘을 불러일으켜서 그 에너지를
세상에 퍼뜨리고 싶다.

비전 : 이 세상 모든 것이 사랑과 열정으로 채워졌으면 좋겠다. 뜨거
운 마음으로 사람들이 어울리는 세상이었으면 좋겠다.

여기 적혀 있는 자기 축대로 살아가는 게 진정한 기쁨입니
다. 그런데 제가 만약 어떤 클라이언트를 만났는데 왠지 모르
게 흥이 안 나고 그냥 피상적인 관계만 맺고 있다면 어떻게
될까요? 바로 그럴 때 왠지 기분이 우울하고 매사에 기운이
없는 상태가 되는 겁니다.

저는 가끔 이런 질문을 받습니다.

"자기 축이 잘못됐던 적은 지금까지 없었나요?"

제 경험상 클라이언트가 목표를 달성할 수 있도록 자기 축
을 정했다면 잘못된 적은 없었습니다. 오랫동안 자신의 마음
속을 들여다보면서 진지하게 생각한 후 정한 자기 축이라면
더더욱 그렇고요. 단어나 표현법을 다듬은 적은 많지만 완전

히 잘못된 자기 축을 정한 경우는 없었습니다. 물론 이게 진짜 자기 축인지 스스로 의심하는 경우는 있습니다. 하지만 돌고 돌아 다시 처음에 정한 자기 축으로 돌아갑니다.

만약 자기가 정한 자기 축이 자꾸 의심스럽다면 지금 감정 상태가 좋지 않기 때문입니다. 자기 축을 잘 설정하면 좋은 기분을 유지할 수 있다고 말해놓고서는 이제 와서 무슨 말이냐고요? 사실 자기 축은 잘 찾았다고 해서 언제나 기분 좋은 상태를 유지할 수 있는 건 아닙니다. 그렇다면 좋은 기분을 계속 유지하기 위해서는 어떻게 해야 할까요? 지금부터 좀 더 자세히 말씀드릴게요.

습관화하기 위한 '스테이트 워크'

먼저 자기 축으로 살아가기 위해 행동을 습관화하는 방법을 소개할게요.

여기서는 그것을 '스테이트 워크(state work)'라고 표현하겠습니다. 방법을 소개하기 전에 한 가지 중요한 점을 알려드릴게요. 그것은 바로 우리 인간이 하루에 7000~9000번 결단을 하는데 그중 대부분을 무의식이 지배하고 있다는 겁니다. 지금부터 시험 삼아 아주 간단한 테스트를 해볼게요.

· 지금 당신이 있는 방 안에서 빨간색 물건을 찾아주세요.

(약 1분 기다릴 테니 실제로 찾아보세요)

테스트에 참여해주셔서 감사합니다. 방 안에 빨간색 물건은 무엇이었나요? 자, 그럼 여기서 질문을 하나 더 할게요. 방금 빨간색 물건을 찾으면서 둘러봤을 때 노란색 물건이 있었는지 기억을 더듬어서 말씀해보실래요?

저는 주로 세미나에서 이 테스트를 자주 하는데 노란색 물건이 무엇이었는지 기억하는 사람은 별로 없습니다. 이것은 무엇을 말하는 걸까요? 우리 인간들은 자신이 의식한 것밖에 보지 않습니다. 다른 말로 하면 자기가 보고 싶은 것만 보는 경향이 있다는 말입니다. 매일 자기 축으로 살아가려면 바로 이런 우리의 특성을 잘 이용해야 합니다. 구체적으로 말하자면 매일 아침에 자신이 의식하고 싶은 것, 즉 자기 축을 쓰는 겁니다. 그리고 밤이 되면 그날 자신이 아침에 쓴 대로 살았는지를 되돌아보는 겁니다. 이렇게 날마다 하면 자연스럽게 자기 축이 무의식까지 점점 스며들게 됩니다. 이 과정이 바로 '스테이트 워크'입니다.

워밍업 → 활기찬 기분 만들기 → 자기 축 써보기 → 구체적으로 행동하기 → 자기 축대로 하루를 보냈는지 체크하기

자기 축을 한 번 쓰는 것으로 끝나는 게 아니라 잠들기 전에 하루를 되돌아보는 것이 중요합니다. 그렇게 하면 좀 더 홀가분한 기분으로 잠들 수 있습니다. 뇌 과학에서도 밝혀진 바 있지만 자신이 속으로 생각하는 것을 마음 가는 대로 써서 발산하기만 해도 스트레스가 해소됩니다. 컴퓨터 키보드로 타이핑하지 말고 종이에 펜이나 연필로 직접 쓰세요. 여러 가지 주장이 있지만 직접 손으로 쓰는 게 전두전야가 활발히 움직여서 기억에 잘 남는다고 알려져 있습니다.

그럼 이제부터는 스테이트 워크 중 중요한 포인트를 표를 통해 설명해볼게요.

■ 스테이트 워크 실천표

과정	순서	나에게 질문해보기
		언제나 가장 좋은
워밍업	1	오늘 하루 감사한 일은 무엇인가요? 지금 행복을 느끼는 일은 무엇인가요? 10가지 정도 생각나는 대로 적어보세요
활기찬 기분 만들기	2	가장 기분 좋고 행복한 내 모습을 상상해보세요.
자기 축	3	당신은 누구입니까? (심지)
	4	당신 인생의 목적은 무엇입니까? (미션)
	5	생을 마감할 때 어떤 세상을 이루고 싶습니까? (비전)
구체적인 행동	6	반년 후의 목표는 무엇입니까?
	7	오늘 할 일과 해야만 하는 일은 무엇입니까?
	8	오늘도 눈앞에 있는 사람과 일에 최선을 다하겠다고 다짐합니까?

기분을 유지한다

아침	밤(리뷰)

워밍업

오늘 하루 감사한 일은 무엇인가요? 지금 행복을 느끼는 일은 무엇

인가요? 사람, 사물, 기회, 장소, 자기 자신 등 무엇이든 좋으니 얼핏

떠오르는 것을 10가지 쓰세요.

저는 연수나 세미나를 시작할 때 참가자분들에게 늘 이런
요청을 합니다. 여러분도 지금 한번 편안한 마음으로 감사한
일을 10가지 꼽아보세요. 마음이 평온해지고 따뜻해지지 않
나요? 기분이 조금은 좋아지지 않았나요? 4장에서도 이야기
했지만, 감사의 말을 하면 세상을 바라보는 관점이 180도 바
뀝니다. 지금 내가 갖고 있는 모든 게 당연한 게 아니라는 걸
느끼기 때문이죠. 그러면 자연스럽게 행복한 감정을 느끼기
도 쉽습니다. 감사하는 마음은 이럴 때뿐 아니라 일상 속에서
늘 습관화하는 것이 좋습니다.

참고로 연수나 세미나에서 10가지를 꼽아보라고 하면 좀
처럼 떠올리지 못하는 사람이 의외로 많더군요. 사람은 고맙
다고 느끼는 자신만의 기준이 있는데 거기에 못 미치면 고마
워하지 않습니다. 당연히 기준이 낮으면 낮을수록 감사하는

마음을 더 많이 느끼고 기분도 좋아집니다. 이 메커니즘에서 생각하면 '좋은 기분 우선법'이란 '평범하고 일상적인 것에도 늘 감사하는 상태'라고 할 수 있습니다. 내가 누리고 있는 어떤 것이 너무 당연하다고 생각하는 것은 착각이니까요.

활기찬 기분 만들기

가장 기분 좋고, 행복한 내 모습을 상상해보세요. '이런 상황이라면 평생 기분 좋을 수 있을 것 같다'라고 느끼는 장면을 생생하게 떠올려보는 거죠. 예를 들면 '평온한 공간에서 주위 사람들과 웃으면서 즐겁게 서로 기뻐하며 활력 넘치게 일하는 내 모습'처럼 선명한 장면을 머릿속에 떠올려보는 겁니다. 뇌 과학에 따르면 자신이 원하는 모습을 생생하게 상상할수록 뇌가 그쪽으로 행동을 이끌어준다고 합니다.

자기 스스로 좋은 기분을 유지하고 싶은 마음이 강렬하면 감정이 격앙될 여지가 줄어듭니다. 그러므로 '내가 스스로 행복해하는 내 모습'에 집중하는 건 중요합니다. 사실 기분 좋게, 내가 원하는 내 모습을 유지하는 게 최고의 인생 아닐까요? 멘탈 강한 사람이 아니라 기분 좋은 사람이 인생의 최종 승리자입니다. 우리가 매일 열심히 사는 이유도 한번 생각해보세요. 기분이 좋아지기 위해서라고 해도 무방하지 않나요?

자기 축 써보기

지금까지 만든 자기 축을 매일 스테이트 워크에 쓰면서 점점 자기 안에 쌓아나가세요. 한 달쯤 계속하면 굳이 생각하지 않아도 자연스럽게 말할 수 있게 되고, 세 달쯤 계속하면 굳이 말하지 않아도 자기 안에 있으므로 늘 판단의 근거가 됩니다.

중요한 건 밤에 리뷰하는 시간입니다. 어떤 날은 자기 축을 완전히 잊어버리고 살아서 반성을 할 수도 있습니다. 이때는 '내일은 꼭 내 자기 축을 기억하면서 사람들이랑 어울려야지!'라고 긍정적으로 결심하면 됩니다. 이때 부디 자기 자신을 탓하지 마세요. 누누이 말하지만 '내 기분이 최우선'입니다. 이 모든 일들은 가장 기분 좋은 나를 만들기 위해 하는 과정이지 나 자신을 학대하기 위한 것이 아니니까요.

구체적으로 행동하기

하루하루 자기 축대로 살아가는 데 중요한 건 날마다 실천에 옮기는 거겠죠. 그런데 이것을 하기 전에 반년 후 이루고 싶은 현실적인 목표를 종이에 쓰는 게 좋습니다. 이때도 목표를 달성한 내 모습을 머릿속에 아주 구체적으로 생생하게 상상하는 게 중요합니다.

예를 들면 '회사 사상 최고 매출 ○○○억 원을 달성하여 모든 팀원들과 열광적으로 기쁨을 나눈다. 그 결과 연봉도 오르고 가족들이랑 느긋하게 지방으로 먹거리 여행을 떠난다'는 식으로 그려보면 됩니다. 이렇게 상상만 해도 기분이 좋아지고 바로 행동으로 옮기고 싶어지는 목표를 세워야 합니다.

자기 축을 유지하기 위한 '8가지 단계'

늘 좋은 기분을 유지하려면 자기 축대로 생각하고 행동하는 과정이 필요한데, 생활 속에 정착하기 위해서는 시간이 필요합니다. 그리고 이때 행동에는 다음과 같은 과정이 있습니다.

버린다(①) → 목표 설정(②③④) → 지금 움직인다(⑤⑥⑦) → 사람과 어울린다(⑧)

첫 번째 과정은 버리는 겁니다. 양손에 물건을 든 상태에서는 새로운 걸 잡을 수는 없으니까요. 의외로 많은 사람들이 자신이 얼마나 많은 물건을 갖고 있는지 잘 모릅니다. 불필요한 것을 내려놓는 것만으로도 기분이 좋아질 수 있습니다. 그렇게 홀가분해진 상태에서 가슴 설레는 목표를 설정하는 거죠. 목표가 정해지면 내가 나아갈 방향이 보입니다. 그때 행동으로 옮기면 됩니다. 이때는 미루지 않고 바로 움직이는 게 포인트입니다. 그러고 나서 마지막으로 해야 할 일이 사람들과 어울리는 거예요. 특히 기분이 좋은 사람이나 팀과 관계를 맺으세요. 자, 그럼 이제부터 이 과정을 8단계로 나눠서 설명해볼게요.

1단계 미니멀 라이프 실천하기

자기 축을 깨달으면 해야 할 일과 하지 않아도 되는 일이 뭔지 구분하는 능력이 생깁니다. 이 기준에 따르면 뭘 버려야 하는지가 보이죠. 물건이나 정보가 넘치는 이 시대에는 정말 중요한 과정입니다. 회사에서 열심히 일하며 성과를 내는 40대 여성 클라이언트의 예를 들어보겠습니다. 이분은 몇 년 동안 직장 내 인간관계 때문에 과도한 시간과 에너지를 쓰다 보니 주말에는 곯아떨어지기 일쑤였습니다. 세션을 거듭하는 사이에 그녀의 미션은 '세상의 흐름을 자연스럽게 느끼고, 사람과 사물을 조화롭게 한다'로 정해졌습니다. 그러자 그녀의 태도가 확연히 달라졌습니다.

나 : "지금 갑자기 의욕이 넘쳐 보이시는데요?"

클라이언트 : "어머, 그게 느껴지세요?(웃음) 눈치가 보통이 아니신네요. 저희 집 북쪽 끝 방에 물건이 넘쳐나서 발 디딜 틈이 없거든요. 꽉 차 있는 방을 정리하면 뭔가 좀 달라질 것 같아서요."

나 : "그래요? 그것참 좋은데요. 그 방에 필요 없는 물건이 있나요?"

클라이언트 : "아휴, 많죠. 책장에 꽂힌 책이랑 그 옆에 쌓아놓은 책. 그거 말고도 필요 없는 게 한가득이에요. 영어책은 왜 샀는지도 모르겠어요……(웃음)."

나 : "그걸 몽땅 버리면 어떤 방이 될까요?"

클라이언트 : "집이 아주 밝아질 것 같은데요. 그러고 보니까 옷도 시꺼먼 색만 잔뜩 있네요. 앞으로는 좀 밝은 옷을 사야겠어요(웃음)."

그 후 온라인으로 세션을 했는데 그녀의 방 안이 점점 정돈되었고, 밝아졌습니다. 신기하게 온라인 너머로도 그녀의 기분이 좋아졌다는 게 느껴지더군요. 불필요한 물건을 버린 후 기분이 좋아지면 그 이후로는 더욱 잘 버릴 수 있게 됩니다. 이후 그녀는 산뜻한 흰색 티셔츠를 입고 머리도 짧게 잘랐습니다. 외모뿐만 아니라 행동에도 변화가 생겼습니다. 주말에 친구랑 외출하고 짧게 여행도 가고 골프를 치러 가는 등 몰라보게 활동적으로 변했죠. 어릴 때부터 특기였던 그림도 다시 그리기 시작했더군요. 이 사례는 자기 축이라는 판단 기준을 가지고 미니멀 라이프를 실천한 후 활기찬 삶을 살게 된 좋은 예입니다.

"쓸데없는 걸 버리고 나니까 기분이 정말로 홀가분해졌어요."

그녀는 이렇게 말했습니다. 이렇게 기분이 좋아지면 모든 것에서 선순환이 이루어집니다. 좋은 기분으로 새로운 시도를 하면서 좋은 변화로 이어지니까요.

2단계 **가슴 설레는 목표를 설정한다**

지금까지 개인적으로도 팀 차원에서도 여러 차례 목표를 달성했던 저는 확신합니다. 무엇을 확신하느냐고요? 바로 좋은 기분 우선법을 실천하려면 목표 설정이 너무나 중요하다는 것을 말입니다. 그러므로 목표를 설정할 때는 그것을 생각했을 때 가슴이 설레는지, 그렇지 않은지를 생각해보는 것이 중요입니다. 믿익 설레지 않으면 오히려 기분이 나빠질 수도 있으니까요. 그 경우에는 괜히 주위 사람들이 하는 말과 행동에 신경이 쓰이고, 잡생각이 들고, 초조해질 수 있습니다. 하지만 일단 내 가슴이 설레면 '어떻게 하면 목표를 달성할 수 있을까?'에 집중할 수 있게 됩니다.

대기업에서 부장으로 일하고 있는 40대 클라이언트 이야기를 해볼게요. 그는 학창 시절에 야구를 했습니다. 우승이라는 목표를 정하고 팀원들과 함께 모든 에너지를 집중해서 열심히 야구를 했지만 안타깝게도 라이벌 학교에 지고 말았습니다. 그때 그는 엄청난 좌절을 경험했습니다. 사회인이 된 지금 그때 상처는 거의 다 아물었지만 지금도 큰 목표를 세우려고 하면 머리가 새하얘진다고 하더군요. 아직도 그때 그 쓰라린 패배의 기억이 남아 있는 것 같았습니다. 이 클라이언트의 감정 상태는 결코 나쁘지 않았습니다. 그는 안 좋은 일이 생겨도 좋은 기분으로 전환하는 능력이 있었습니다. "회사에서도 기분 좋게 일하고 휴일에도 아이들과 함께 보낼 수 있어서 정말 기뻐요!"라고 자연스럽게 말하는 사람이었죠. 그런데 미래의 비전에 대해 이야기할 때는 약간 망설이는 느낌이었고, 활기가 없어 보였습니다. 세션을 거듭하면서 그가 좀 더 도전하고 싶어 하는 사람이라는 걸 알게 됐습니다. 그는 자신이 좀 더 열정적으로 하면 더 잘할 수 있다는 걸 알면서도 도전하지 않은 채 살았던 겁니다. 물론 이 클라이언트처럼 큰 목표 설정은 못해도 눈앞에 있는 일에 집중하면서 좋은 기분을 유지해도 괜찮습니다. 세상에는 오늘 하루를 살아가는 것만으로도 힘에 부쳐서 미래의 비전을 생각할 처지가 아닌 사람들도 있으니까요. 여기서 우리가 배울 게 또 한 가지 있습니다. 우리가 비전을 정할 수 있는 건 내면의 평화가 밑바탕에 깔려 있기 때문입니다. 그러므로 목표나 비전을 세울 수 있는 것도 감사한 일이라고 생각하면 됩니다.

이번에는 치과를 운영하는 부부의 사례를 말씀드릴게요.

그들과 함께한 첫 번째 세션은 지금도 잊을 수가 없습니다. 그 치과는 창업한 지 7년 됐고 지역에서도 좋은 평판을 얻어

환자들이 점점 늘고 있었습니다. 그런데 문제는 직원 관리였습니다. 두 사람은 일하는 게 즐겁고 보람찬 회사 분위기를 만들고 싶었지만, 직원들과 사이가 좋지 않아 골머리를 앓고 있었습니다. 퇴근 후 집에 가서 아이들을 재운 다음 그날 치과에서 일어난 일을 둘이서 자주 이야기했다더군요. 그런 와중에 처음으로 하는 세션이었습니다.

나 : "그런 일이 있었어요? 그래도 지금까지 두 분이서 잘 버티셨습니다. 정말 대단하세요. 그런데 치과는 언제까지 운영할 거예요?"

클라이언트 : "일흔 살 때까지는 해야죠. 그때 정도 되면 다른 사람한테 맡길 수도 있겠네요."

나 : "그러세요? 그때는 어떤 치과가 되어 있을까요? 두 분이 정말 바라는 치과의 모습을 생각나는 대로 맘껏 말씀해주세요."

클라이언트 : "음, 생각나는 대로 다요……? 그렇다면 우리 직원들 모두가 웃으면서 활기차게 일하고 나이 지긋한 어르신부터 어린아이까지 찾아오는 곳이요……."

나 : "직원들은 몇 명이나 되고 어떤 식으로 일하고 있을 것

같으세요? 병원 규모는 어느 정도로 생각하세요?"

클라이언트 : "그건 음…… 지역에 기반을 둔 종합 병원 같은 대형 병
원이면 좋겠어요. 3대 아니 4대 그러니까 할아버지 할
머니 증손주들까지 온 가족이 함께 왔으면 좋겠어요."

나 : "네, 그리고요? 좀 더 말씀해주세요."

클라이언트 : "그리고 '건강 수명은 구강 건강에 달려 있다'는 문화를
전달하고 싶어요. ……어머! 세상에! 말하다 보니까 알
겠어요! 날마다 바쁘게 살다 보니까 개업할 때 했던 다
짐을 까맣게 잊고 있었지 뭐예요!!"

마스크를 쓰고 있어서 눈만 보였는데, 부부는 깜짝 놀라 등
을 뒤로 젖히고 휘둥그레진 눈으로 서로를 바라보더군요. 이
렇게 마음속에 들어 있는 생각을 맘껏 표출하다 보면 깊은 곳
에 들어 있던 설레는 목표가 뭔지 더 쉽게 알 수 있습니다.

3단계　목표에 대한 집착을 버린다

2단계에서 가슴 설레는 목표를 정했더라도 중요한 건 목
표에 대한 집착을 버리는 것입니다. 기분을 망치면서까지 목
표에 집착하지 마세요. 반복해서 이야기하지만 기분이 전부

니까요. 불안한 상태에서 목표를 달성하려고 아등바등해봤자 좋은 성과는 나오지 않습니다. 부동산 회사에서 이사로 일하고 있는 40대 남성이 웃음기 없는 얼굴로 저와 마주 앉았습니다. 정신은 다른 데 팔려 있는 것 같았죠. 이 클라이언트는 제가 옛날부터 알고 지낸 선배입니다.

나 :	"선배님 무슨 일 있으세유?"
클라이언트 :	"지금까지 너무 열심히 일해서 그런지 요즘 들어 너무 힘들고 지치네. 내가 일을 안 하면 회사가 돌아가질 않아. 직원들이 일하는 걸 보면 답답해서 짜증이 나더라고."
나 :	"아니 어쩌다가 그 지경이 되셨어요?"
클라이언트 :	"안 좋은 건 알겠는데 진짜 앞이 막막해. 조바심도 나고."
나 :	"왜요?"
클라이언트 :	"인생의 마지막이 점점 가까워지니까."
나 :	"선배님이 생각하는 인생의 마지막은 몇 살인데요?"
클라이언트 :	"예순. 앞으로 십 몇 년밖에 안 남았어."
나 :	"예순이요? 왜요?"

클라이언트 : "아, 그게 말이야. 우리 어머니가 예순에 돌아가셨거든. 진짜 훌륭한 분이셨어. 그래서 줄곧 어머니 같은 사람이 돼야 한다고 생각했어."

나 : "아, 그러시구나. 근데 선배님 저 궁금한 게 있는데요. 선배님은 생을 마감할 때 어떤 세상을 이루고 싶으세요?"

클라이언트 : "내 재단을 만들고 싶어. 이건 오래전부터 내 꿈이었어. 100억 정도 규모로 만들면 더할 나위 없이 좋을 것 같은데."

나 : "그걸 언제쯤 실현할 수 있는데요?"

클라이언트 : "예정대로라면 이미 다 모았겠지. 근데 법이 개정돼서 상품도 안 팔리고 코로나 때문에 사업에도 이런저런 제약이 걸렸잖아. 암튼 여러 가지 변수가 생겨서 계획이 틀어졌어."

나 : "아이고, 저런. 그럼 100억은 언제쯤 모을 수 있을까요?"

클라이언트 : "……."

나 : "언제쯤 모을 수 있는 건데요?"

클라이언트 : "글쎄 잘 모르겠어. 솔직히 지금은 완전히 자신이 없어

졌어. 미래가 안 보여. 아니 더 솔직히 말하면 일부러 안

봤어. 조바심이 나서 목표를 바꾸지 못했거든."

(10년 후 재단을 만들기까지 구체적으로 목표를 바꾸고 나서)

나 :　　　　　"오오, 제법 그럴듯하게 완성하셨는데요. 앞으로 이대

　　　　　　　로만 하면 될 거 같습니다."

클라이언트 :　"잠깐. 이대로 하면 예순에 안 죽어도 되는 거네? 인생

　　　　　　　참 재밌어. 일흔까지 미뤄졌잖아."

나 :　　　　　"그러게 말이에요. 그럼 일흔에는 어떻게 되고 싶으세

　　　　　　　요?"

클라이언트 :　"이 나라에 헌신하고 싶어. 그러니까 나는 국회의원이

　　　　　　　될 거야. 그때까지 나랑 뜻이 같은 사람들을 모아서 커

　　　　　　　뮤니티를 만들 거야."

이렇게 세션을 마칠 때쯤에는 다시 기운 넘치는 모습으로
완전히 돌아왔습니다. 이미 정한 목표에 대해 너무 집착하다
보면 본말이 전도되는 일이 일어납니다. 특히 예로 든 이 선
배처럼 오랫동안 성실하게 일하면서 자기 일가를 이룬 사람

들이 가장 위험하므로 주의하세요.

4단계　내가 진짜 원하는 게 뭔지 생각한다

경영 컨설팅 회사에서 일하는 30대 최고 컨설턴트의 사례입니다. 그는 매달 매출 목표를 달성하고 싶은 마음은 굴뚝 같았지만 너무 지쳤습니다. 도대체 이 상황이 언제까지 계속될지 모르겠다며 하소연했습니다. 회사에 불평불만이 쌓일 대로 쌓여 있더군요.

> **클라이언트**："하루 종일 너무 피곤하고 자꾸 조바심이 나서 목표에 집중할 수가 없어요."
>
> **나**："잠깐 매출 이야기는 넘어갈게요. 언제까지 일할 생각인가요?"
>
> **클라이언트**："예순에는 느긋하게 살고 싶습니다."
>
> **나**："그래요? 그때까지 이루고 싶은 게 있어요?"
>
> **클라이언트**："독립해서 10억을 모으고 싶습니다."
>
> **나**："오, 그래요? 그 이야기는 나중에 다시 할게요. 그럼 혹시 어릴 때부터 쭉 흥미를 느낀 일이 있나요?"
>
> **클라이언트**："음, 저는 세상의 규칙이 신경 쓰이더라고요. 달리 말하

자면, 규칙 그 자체보다는 규칙을 지키지 않는 인간이 왜 벌을 받지 않는지, 그것에 관심 많아요."

나 : "그게 왜 그렇게 신경 쓰일까요?"

클라이언트 : "학교 다닐 때, 규칙을 잘 지키는 저 같은 사람이 너무 바보 같다는 생각을 많이 했거든요."

나 : "그래요? 혹시 예순 살 정도에는 어떤 모습으로 살아가 긴 바라세요?"

클라이언트 : "아, 그러고 보니 아무한테도 말 안 했는데요. 어릴 때부터 그냥 막연히 정치가가 되고 싶었어요. 제 눈에는 앞날이 훤히 보이거든요. 사회가 이대로 가면 이렇게 되겠지 하고요."

나 : "정치가가 된 자신을 상상하면 기분이 어때요?"

클라이언트 : "엄청 좋죠. 모두가 제 뜻을 지지해주잖아요. 그렇게 되려면 좀 막연하지만 지금 하는 일을 열심히 해서 자금을 모아야 할 거 같아요."

나 : "그래요? 참고로 돈은 얼마나 필요한가요?"

클라이언트 : "10억 정도는 있으면 좋겠는데 지금 제가 하는 일로 모을 수 있을지는 잘 모르겠어요."

나 : "근데 수중에 10억이 없으면 정치가가 될 수 없나요?"

클라이언트 : "아, 듣고 보니 그러네요. 국회의원 비서가 될 수도 있 겠네요. 꼭 정치가가 아니더라도 다양한 방법이 있긴 하죠."

나 : "그쵸? 지금 일을 그만두고 가족을 부양하면서 국회의 원 비서가 되거나 할 수도 있나요?"

클라이언트 : "하려고 마음먹으면 할 수 있죠. 근데 정치가가 되려면 막연하게 자금이 필요하다고 생각했어요. 어쩌면 저는 하지 않을 변명거리를 찾고 있었는지도 몰라요."

나 : "그런데 왜 지금은 컨설팅 일을 하고 계세요?"

클라이언트 : "예전부터 조직 구조를 바꾸고 싶다는 욕구가 있었거든 요. 지금 하는 일은 제가 원하는 대로 조직 구조를 바꿀 수 있어요. 제대로 된 규칙을 정하고 그 규칙에 따르는 조직을 만들 수 있으니까요. 그러고 보니 저는 단순히 돈을 모으기 위해서가 아니라 이 일을 하고 싶어서 했 던 거네요. 제가 원하는 대로 살고 있었던 거네요."

이분은 정치가가 되고 싶다는 목표가 분명했습니다. 그래 서 그 이전에 경영 컨설팅을 통해 조직 구조를 개혁하는 일 을 하면서 10억을 모으고 싶다고 했죠. 그런데 문제는 주객이 전도된 것입니다. 장기적인 목표를 달성하기 위해서 우선 10억을 모으는 것이 목표가 돼버린 거죠.

> '이걸 해내고 나서 그걸 하고, 그걸 해내고 나서 그다음에 내가 진짜
>
> 하고 싶은 걸 해야지.'

이런 생각은 단기적인 목표를 달성할 때는 효과가 있지만 장기적인 목표를 이룰 때는 주객이 전도되고 맙니다. 예로 든 클라이언트도 진짜 하고 싶은 일은 하지 못한 채 '10억 모으는 일'이 주된 목표가 돼버렸으니까요. 그런데 이렇게 생각하다 보면 내 생활을 활기차게 매일 기분 좋게 보내기가 힘들어집니다. 그러므로 목표를 정했지만 내가 진심으로 바라는 미래가 그려지지 않는다면, 스스로에게 물어봐야 합니다. '이게 내가 진짜 바라는 일일까?', '내가 진짜 하고 싶은 일이 뭘까?' 하고 말입니다.

5단계 근거 없는 자신감을 갖는다

좋은 기분을 유지하는 데 가장 큰 걸림돌은 바로 불안감입니다. '내가 할 수 있을까?', '과연 해낼 수 있을까?' 하는 생각

이 자라나기 때문이죠. 그런데 사실 이런 생각은 기우입니다. 대기업에서 관리직 승진을 앞둔 30대 남성 클라이언트의 사례를 들어볼게요. 그가 저를 찾아온 건 상사가 권유했기 때문입니다. 그래서 그런지 그는 코칭 과정에도 소극적이었습니다. 첫 번째 세션에서 의지가 별로 없다는 걸 느낄 수 있었죠. 그는 감정 기복이 별로 없고 모든 일에 담담하게 대응하는 사람이었습니다. 그런데 세 번째 세션에서 '자신감'에 대한 대화를 나누면서 큰 변화가 일어났습니다.

나 :   "스스로를 어떤 사람이라고 생각하세요?"

클라이언트 : "열정은 있는데 겉으로 드러내지 않는 사람이요. 왠지 좀 달관한 것 같아요."

나 :   "그건 언제부터예요?"

클라이언트 : "초등학교 때부터 쭉이요. 키가 커서 늘 제일 마지막 줄에 섰는데 그때마다 전체를 내려다보는 느낌이 들었어요. 좀 억지처럼 들릴 수도 있는데 저는 진짜 그랬거든요."

나 :   "달관한 이유 말인데요. 그거 말고도 더 짚이는 건 없습니까?"

클라이언트 : "……. 아, 지금 생각난 게 있는데요. 초등학생 때 학원을 다녔는데 그때 사람에게는 개인차가 있다, 원래부터 타고난 성적이 있는 게 아닐까 하는 생각이 들었어요. 그럼에도 살아남아야 한다고 생각했어요. 근데 바라는 성적이 나오지 않았고 지원한 학교에도 떨어졌어요. 그 무렵부터 달관한 것처럼 살았던 것 같아요."

나 : "그럼 가장 흥분했던 일은 뭐예요? 그리고 그거 언제예요?"

클라이언트 : "J리그 가시마 앤틀러스鹿島アントラーズ, 일본의 프로축구클럽-옮긴이이 개막전 때요. 그때 초등학생이었는데 수많은 사람들 속에서 일체감을 느꼈어요. 정말 최고였어요."

나 : "그걸 보셨군요! 코임브라 지코 선수 플레이는 충격이었죠. 그거 말고 또 있었나요?"

클라이언트 : "콘서트를 볼 때 너무 좋아요. 정말 기분이 좋아져요."

나 : "그런 자신을 보면 어떠세요?"

클라이언트 : "음, 그러게요. 저는 좀 열광하는 환경이 좋더라고요. 평소에는 달관한 것 같은데 말예요. 확실히 양면성이 있는 것 같죠?"

나 : "언제부터 그랬던 거 같아요?"

클라이언트 : "언제부터더라……역시 초등학교 때인 것 같은데요 ……. 아, 지금 생각났는데 급식이에요, 급식. 토란 사건 이요."

나 : "토란 사건? 뭐예요, 그게?"

클라이언트 : "토란 껍질을 벗겨서 껍질만 버렸는데 토란을 버린 나쁜 아이라고 오해받은 사건이요. 다들 토란을 싫어했어요. 근데 저 진짜 안 그랬거든요. 오해받고 억울해서 '왜?'라는 생각만 했어요. 그때부터 사람들이랑 어울리는 걸 꺼렸던 것 같아요."

나 : "앞으로 인생을 어떻게 살고 싶으세요? 솔직하게 말해 주세요."

클라이언트 : "가족들이랑 끈끈하게 뭉치고 싶고 팀원들이랑도 결속하고 싶어요. 음, 그 전에 먼저 뭔가를 형태로 남기고 싶습니다."

나 : "현재는 어떤 상황인데요?"

클라이언트 : "조심하고 있죠. 미팅에서도 발언을 안 하고 회사에도 헌신을 안 하고. 그래서 좀 면목이 없어요."

나 : "왜 조심하는데요?"

클라이언트 : "실수로 잘못 말하거나 약속해놓고 지키지 못하면 부끄

럽잖아요. 초등학교 때부터 이랬어요."

나 : "앞으로 어떻게 살고 싶어요?"

클라이언트 : "의견을 물어보면 제가 전하고자 하는 바를 모두 전달하고 동료들을 소중히 대하고 마음먹은 일은 해내고 싶습니다."

나 : "그래요?"

클라이언트 : "네. 그리고 지금으로 불안해하지 않고 자신감 있게 살고 싶어요."

나 : "그럼 가장 기분이 좋을 때가 언제인지 이야기해주실래요?"

클라이언트 : "음. 뭔가에 집중하면서 즐기는 상태라고나 할까요. 뭔가 차분하면서도 저를 자극하는 느낌이 좋아요."

나 : "어떻게 하면 그렇게 될 수 있는데요?"

클라이언트 : "아무래도 역시 자신이 있어야 할 것 같아요."

나 : "자신 있는 사람이 어떤 사람인데요?"

클라이언트 : "근거 있는 사람, 실적 있는 사람. 마음속에 뭔가 믿을 만한 구석이 있거나 하고 싶은 일을 하는 사람이요."

나 : "음, 그렇다면 그 자신감의 근원이 뭐라고 생각하세요?"

클라이언트 : "아무래도 그 사람의 과거 경험 아닐까요?"

나 : "과거 경험이 자신감이 된다는 거예요?"

클라이언트 : "당연하죠!"

나 : "주위에 실적은 별론데 자신감 넘치는 분이 혹시 없습니까?"

클라이언트 : "그러고 보니 있긴 있네요······."

나 : "그 사람들은 뭘 믿고 있을까요?"

클라이언트 : "······근거가 있겠죠?"

나 : "저도 궁금하네요. 그 근거는 뭔지."

클라이언트 : "······아무튼 저는 스스로가 저를 좀 믿을 수 있으면 좋겠어요!"

나 : "자기 생각을 믿는다는 게 어떤 뜻이에요?"

클라이언트 : "아, 제가 옳다고 믿는 거요."

나 : "그래요?"

클라이언트 : "네. 하고 싶은 일을 하고 망설이지 않고 몰두하는 거요. 좀 자극도 있으면 좋겠고 재미있는 일을 하고 싶어요."

나 : "애초에 자신감이란 무엇일까요?"

클라이언트 : "아, 이제 알겠어요. 역시 그런 거구나! 실적 같은 건 아무래도 상관없어요. 근거도 없고요. 그래서 자기 축이

필요한 거죠? 아, 이제 알 것 같아요! 자신 있게 의견을 말해볼게요(웃음)."

한참 대화한 끝에 그는 자기 축을 갖는다는 것이 바로 자신감을 갖는 것과 같은 뜻이라는 것을 이해했습니다. 또 자기 축으로 살아갈 때야 비로소 일에 몰두할 수 있다는 것도 깨달았습니다. 이후 그는 관리직으로 승진했으며 지금은 회사 전체를 개혁하는 프로젝트 매니저를 목표로 착실하게 커리어를 쌓아올리고 있습니다.

6단계 내 기분은 타인이 아닌 나에게 달려 있다고 생각한다

대기업에서 과장으로 일하는 40대 클라이언트의 사례입니다. 그는 진지하게 자기 이해를 거듭한 끝에 마침내 자기 축을 깨달았습니다. 그런데 직장에서 자기 축에 따라 사는 게 너무 힘들다 보니 좋은 기분을 유지한다는 게 쉽지 않았습니다. 아래는 그와 나눈 대화입니다.

클라이언트 : "자기 축은 아주 잘 이해하고 있습니다. 근데 회사에서는 자기 축대로 살 수가 없어요. 그럴 만한 환경이 아니

거든요."

나 : "구체적으로 말씀해주실래요?"

클라이언트 : "예를 들면 제 비전은 '사람들과 함께 즐거움과 진지함을 동시에 나눌 수 있는 세상'이에요. 그런데 이걸 실천할 수가 없어요. 사람들이 다 예민하고요. 그럴 상황이 아니거든요."

나 : "아, 그렇군요. 평소에 회사에서 기분이 어떠세요?"

클라이언트 : "짜증 내고 싶지 않으니까 저도 최대한 감정을 절제하려고 노력해요. 그러다 보니까 비전 같은 건 잊어버리는 것 같아요."

나 : "음. 지금까지 제가 느낀 걸 말씀드릴게요. 지금 선생님께서는 모든 것에 대해서 방어적으로 사고하고 계세요. '이것은 저것 때문에 안 된다. 모든 것은 환경 때문에 바꿀 수 없다'라고 말이에요. 그런데 사실 이 기본적인 생각을 바꾸지 않으면 기분이 나아질 수가 없거든요. 스스로 자신의 기분을 상하게 하지 마세요."

클라이언트 : "그건 저도 잘 알죠. 도대체 어떻게 하면 좋을까요?"

나 : "만약 눈앞에서 일어나는 모든 일이 자기 책임이라면 지금 뭘 하시겠어요?"

클라이언트 : "다 제 책임이라고요? 아니요. 저는 권한이 별로 없어요. 지금 한 치 앞을 내다볼 수 없는 회사 상황을 제가 어떻게 하겠어요? 전 아무것도 할 수가 없습니다."

나 : "네, 맞아요. 회사에서는 권한이 정해져 있죠. 그런데 바로 그렇기 때문에 내가 내 기분을 책임져야 돼요. 어차피 회사가 내 기분을 책임져주지 않으니까요. 누가 1000억 인을 주디고 해도 네 행복과 바꾼 수는 없는데 왜 회사 탓만 하면서 내 기분을 내버려두시는 건가요? 제 눈에는 그렇게 보이는데 어떻게 생각하세요?"

클라이언트 : "듣고 보니 그렇긴 하네요. 내 기분이 제일 중요한 거니까요. 제가 할 수 있는 게 뭐냐고 물으셨죠. 아, 사실 정말 상사 탓이라고 말하고 싶어요. 제 기분을 상하게 만드니까요. 그런데 저는 늘 이런 생각에서 멈춰 있었던 것 같아요……. 아, 그러고 보니 좋은 기분 우선법이란 게 이런 거군요! 이제야 좀 알겠어요!"

나 : "네! 바로 그거예요. 내 기분이 다 내 책임이라고 고쳐서 생각해보면 왠지 설레지 않으세요? 모두 자기 하기 나름이라고 생각하면 세상이 달리 보일 거예요."

클라이언트 : "……그렇구나. 그러고 보니 저는 늘 상사 탓, 회사 탓만

하면서 우울했던 것 같아요. 그러다 보니 행동도 안 하

게 됐고요."

나 :　　　　"자기 축은 뭐였죠?"

클라이언트 : "그러게요……(웃음)."

사실 직장인이라면 누구나 이와 비슷한 경험을 합니다. 이런 상황에 빠진 사람들은 늘 속으로 이렇게 생각합니다. '어차피 무슨 말을 해도 소용없다', '회사가 너무 이상하다', '어차피 내가 노력해봤자 회사는 안 바뀌니까 그냥 조용히 살자'라고 말이에요.

이 클라이언트도 처음에는 무기력감과 피로감에 휩싸여 있었습니다. 조언을 해봤자 '그렇게 말씀하셔도 어차피 회사는 어찌할 수 없는데……'라고 말하는 것만 같았습니다. 그런데 좋은 기분 우선법을 현실에서 실천할 때 가장 중요한 건 모든 것은 '자기 하기 나름'이라고 긍정적으로 받아들이는 자세일지도 모릅니다. 회사 때문에, 상사 때문에, 가족 때문에 기분이 좋아질 수 없다고 생각하면 영원히 기분 나쁜 채로 살아갈 수밖에 없으니까요. 그러므로 여러분도 이렇게 한번 생각해보세요.

내가 선택한 것이 나의 현실을 만든다.

내 기분은 타인이 아닌 나 자신에게 달려 있다.

지금 나의 상황은 내가 선택한 결과이다.

일단 이것을 나의 현실로 받아들이면 좋은 기분 우선법은 절반 이상 성공한 것입니다.

7단계 좋은 에너지를 내뿜는 사람을 만난다

지금까지 좋은 기분을 유지하기 위한 여러 방법을 이야기 했지만, 사실 실천하기 어려울 때가 많습니다. 특히 내면을 잘 들여다봐야 한다고 강조했지만 자기 자신에게 지나치게 집중하다가 오히려 인간관계가 더 힘들어지기도 합니다.

예를 들면 누군가를 만났는데 자꾸 딴생각이 들어서 대화에 집중이 안 될 때가 있지 않았나요? 혹은 상대방이 뭔가 내 말에 집중하지 못한다고 느낀 적은요? 너무 힘들어서 지나치게 자기 생각에만 몰두하다 보면 누구나 이렇게 될 수 있습니다. 그런데 이렇게 고통스러울 때 오히려 '사람들을 만나 좋은 에너지를 받아보자'라고 생각하는 자세가 정말 중요합니다. 특히 나에게 좋은 에너지를 주는 사람, 스스로가 좋은 기분을 유지할 줄 아는 사람과 만나는 게 중요합니다.

대기업 관리직으로 일하고 있는 30대 클라이언트 이야기를 해볼게요. 그는 주중에는 활기차게 일하는 사람이었지만 주말만 되면 침대에만 박혀서 하루 종일 잠만 잤습니다. 도무지 주말에는 기운을 낼 수가 없었죠. 사람들의 힘든 부분을 잘 들어주면서 반응해주고, 자기 내면의 이야기에도 귀를 기울이느라 에너지가 다 소진된 겁니다.

"평일에 너무 바쁘게 지내서 그런지 주말에 누구를 만나거나 할 여력이 없어요. 정말 하루 종일 침대에 누워서 잠을 안 자면 그다음 주에는 일을 할 수가 없더라고요."

그는 이렇게 말했습니다. 그런데 여기서 중요한 점이 하나 있습니다. 그것은 바로 그가 '사람을 만난다는 것=피곤하다'고 느끼고 있다는 점이에요. 대개의 사람들은 크게 세 가지를 통해 에너지를 얻습니다. 첫 번째는 음식물, 두 번째는 자연, 그리고 마지막으로 사람과의 소통입니다. 첫 번째는 누구나 다 아실 겁니다. 차에 기름을 넣는 행위와 같으니까요. 자연도 금방 이해할 수 있습니다. 산이나 바다, 숲, 강, 동물 등 자연이 우리에게 주는 치유의 힘을 한 번쯤은 느껴봤을 테니까요. 그런데 타인을 통해 에너지를 받고 싶은 것 역시 인간의 본능입니다. 사람을 전혀 만나지 않는다는 건 물건에 비유하자면 인터넷에 연결되지 않은 스마트폰과 같습니다. 제대로 된 기능을 할 수 없다는 말이죠.

어린 시절을 떠올리면 이해하기 쉽습니다. 누구나 친구들과 신나게 놀기가 밥 먹는 것도 잊어버렸던 적이 있지 않나요? 시간 가는 줄 모르고 놀다가 밤이 되어버렸던 기억이 분명 있을 겁니다. 아무리 혼자 있는 걸 좋아하는 사람이라고 해도 타인에게 위로받고 공감받는 걸 싫어하지는 않습니다. 만약 누군가와 있고 싶지 않다면 그 사람이 위로가 안 되기 때문이겠죠. 이 클라이언트의 경우가 바로 그렇습니다. 그가 이렇게 주말만 되면 침대에 쓰러지는 이유는 주중에 사람에게 너무 많은 에너지를 뺏겼기 때문입니다. 이렇게 탈진한 상태가 되면 자기 축대로 살아가는 것도 너무나 큰 짐으로밖에 느껴지지 않습니다.

그러므로 자기 축대로 살지 못하고 너무 힘들기만 하다면 주변 사람들을 한번 둘러볼 필요가 있어요. 당신 주변에 좋은 에너지를 내뿜는 사람이 많은지, 나쁜 에너지를 내뿜는 사람이 많은지를 말이에요. 만약 그 사람이 전자인지 후자인지 헷갈린다면 어떻게 해야 할까요? 그럴 때는 바로 아래 질문을 머릿속에 떠올려보세요.

'그 사람과 함께 있을 때 당신의 기분은 어떤가요?'

이 책에서 계속 강조한 이야기지만 당신의 감정, 기분을 무시하지 마세요. 그게 가장 중요합니다. 만약 그 사람과 함께 있는 시간이 피곤하기만 하다면 만남을 줄여야 합니다. 그 대신 함께 있을 때 존중받는 느낌, 좋은 느낌, 뭔가 산뜻한 기분이 든다면 그 사람과 만나는 시간을 늘려야 합니다. 자기 축대로 살기 위해서는 어쩌면 이 둘을 구분하는 능력을 키우는 게 첫 번째 스텝일지도 모릅니다.

이 책을 쓰는 데 도움을 주신 많은 분들에게 진심으로 감사합니다.

저에게 최고의 목표 달성 방법을 가르쳐준 간세이가쿠인 대학 아메리칸 풋볼 팀 관계자 분들, 여러 선배님과 동기와 후배, 세상의 비즈니스 무대에서 셀 수 없을 만큼 귀중한 경험을 하게 해준 코니카 미놀타 주식회사의 모든 분들, 글로벌 비즈니스 시야를 크게 넓혀준 비즈니스 브레이크스루 대학 2005년 설립된 일본 최초의 온라인 경영대학 - 옮긴이 대학원의 오마에 겐이치(大前研一) 학장님, 교수와 학우 여러분, 코치로서 영감을 준 세계 톱 코치 마이클 볼덕(Michael Bolduc) 씨와 마이클 볼덕 코칭 합동 회사의 오카다 소마(岡田早末) 대표님, 제가 자기 축을 깨달을 수 있게 해준 주식회사 OnLine 관계자 여러분, 그리고 이그제큐티브 코치와 경영 컨설턴트로서 저를 선택하고 믿고 따라오며 제가 더욱더 성장할 수 있게 이끌어준 클라이언트 여러분, 무명의 저를 발굴하고 기획부터 집필까지 2년이라는 기간 동안 늦고 또 늦어도 단 한 번도 싫은 소리 않고 기다려주며 따뜻하게 지도해준 PHP 연구소 나카무라 야스노리(中村康教) 편집장님, 마지막으로 어머니, 큰누나와 작은누나, 그리고 얼마 전에 돌아가신 아버지, 지금까지 늘 씩씩하게 내 곁에서 함께해준 아내와 딸, 지금까지 저를 만나준 모든 분들에게 감사합니다.

제가 알고 있는 인연 하나하나가 많은 영감을 주었고, 이 책의 내용으로 이어졌습니다. 이 자리를 빌려 모두에게 진심으로 감사의 말씀을 드립니다.

| 참고 문헌 |

『성공하는 사람들의 7가지 습관(The Seven Habits of Highly Effective People)』, 스티븐 코비 지음, 김경섭 옮김(김영사, 2017)

『일의 「생산성」은 독일인에게 배워라(仕事の「生産性」はドイツ人に学べ)』, 스미타 간(隅田貫) 지음(가도카와(KADOKAWA))

『컬처 맵(The Culture Map)』, 에린 메이어 지음, 박세연 옮김(열린책들, 2016)

『설득의 심리학 1(Influence: Science and Practice)』, 로버트 치알디니 지음, 황혜숙 옮김(21세기북스, 2019)

『실무입문 NLP 기본을 알 수 있는 책(実務入門ＮＬＰの基本がわかる本)』, 야마사키 히로시(山崎啓支) 지음(일본능률협회매니지먼트센터(日本能率協会マネジメントセンター))

『달성의 과학(達成の科学)』, 마이클 볼덕(Michael Bolduc) 지음, 다카노우치 겐고(高野内謙伍) 감수 및 옮김, 요시다 히로즈미(吉田 裕澄) 옮김(포레스트출판(フォレスト出版))

『밤과 안개』, 빅터 프랭클 지음, 서석연 옮김(종합출판범우, 2008)

『일러스트 도해 뇌와 마음의 구조 입문(イラスト図解 脳とココロのしくみ入門)』, 가토 도시노리(加藤俊徳) 감수(아사히신문출판(朝日新聞出版))

『네 안에 잠든 거인을 깨워라(Awaken the Giant Within)』, 토니 로빈스(앤서니 라빈스) 지음, 이우성 옮김(씨앗을뿌리는사람, 2008)

『좋은 기업을 넘어 위대한 기업으로(Good to Great)』, 짐 콜린스 지음, 이무열 옮김(김영사, 2021)

『운이 좋아지고 행복해지는 기적의 절의 가르침(運気好転して幸せになる 奇跡の寺の教え)』, 이즈미 지교(泉智教) 지음(가도카와(KADOKAWA))

『논어(論語)』, 가나야 오사무(金谷治) 주역(이와나미문고(岩波文庫))

『국토가 일본인의 수수께끼를 풀다(国土が日本人の謎を解く)』, 오이시 히사카즈(大石久和) 지음(산케이신문출판(産經新聞出版))

『초월 명상(超越瞑想)』, 마하리시 마헤시 요기(Maharishi Mahesh Yogi) 지음, 마하리시종합교육연구소(マハリシ総合教育研究所) 옮김(마하리시출판(マハリシ出版))

『스타트 위드 와이(Start with Why)』, 사이먼 시넥 지음, 윤혜리 옮김(세계사, 2021)

『더 미션 인생의 목적을 찾는 방법(ザ・ミッション 人生の目的の見つけ方)』, 존 디마티니(Dr. John F. Demartini) 지음, 나루세 마유미(成瀬まゆみ) 옮김(다이아몬드사(ダイヤモンド社))

＊국내 미출간 도서는 원서 그대로 표기했습니다.

다마모토 준이치 玉本 潤一

간세이가쿠인대학을 졸업하고 코니카 미놀타 주식회사에서 17년간 일했다. 세계 톱 코치 마이클 볼덕에게 교육받았으며 비즈니스 브레이크스루 대학 대학원에서 MBA 글로벌라이제이션 전공 과정을 수료했다. 현재는 경영자와 직장인들을 위한 컨설팅 회사를 운영하면서 '좋은 기분'의 중요성을 알리고 있다. 저자는 27세 때부터 9년간 녹일과 벨기에 지사에서 깅닝시픽을 딤닝쟀기. '카는 것이 미덕이다'는 가치관으로 열심히 일했지만 자유와 행복을 추구하는 유럽인들에게 왕따를 당하면서 새로운 세계에 눈뜬다. 그것이 바로 이 책에서 말하는 '좋은 기분 우선법'을 연구하게 된 계기다. 그는 기분이 좋아야 일도, 사람도, 운도 내 것이 될 수 있다는 걸 유럽 생활을 통해 뼈저리게 느낀 후 이를 자신만의 이론으로 만들어 컨설팅 회사를 설립했다.

수많은 사람들을 대상으로 오랫동안 '자기 경영 컨설팅'을 진행하면서 쌓은 풍부한 사례와 축적된 노하우가 이 책에 집약되어 있다. 평생 참고 노력하며 살았지만 인생이 허무하다고 느끼는 사람, 기분이 태도가 되지 않으려고 악착같이 버티는 사람, 인간관계 때문에 기분이 좋아질 수 없다고 생각하는 사람 등등 수많은 직장인들이 그의 컨설팅을 받은 후, 새 삶을 살게 되었다고 증언하고 있다. 이 책은 출간 이후 아마존 자기계발 베스트에 올랐으며 지금도 많은 직장인들에게 긍정적인 영감을 주고 있다.

민혜진

한때는 인세로 밥 먹고 사는 글쟁이의 삶을 꿈꿨지만, '박제가 되어버린 천재를 아시오?'로 시작하는 이상적인 소설을 읽고 일찌감치 포기했다. 그 후 글 다루는 일로 눈을 돌려 편집자로 밥벌이하며 지내다가 현재는 해외의 좋은 책을 기획하고 번역하는 일을 업으로 삼고 있다. 옮긴 책으로는 『한마디 먼저 건넸을 뿐인데』, 『나를 죽이는 건 언제나 나였다』, 『내 감정이 우선입니다』가 있다.

내 감정이 우선입니다

1판 1쇄 인쇄 | 2022년 11월 24일
1판 1쇄 발행 | 2022년 12월 5일

지은이 | 다마모토 준이치
옮긴이 | 민혜진
발행인 | 김태웅
기획편집 | 박지호, 서진
디자인 | design PIN
마케팅 총괄 | 나재승
마케팅 | 서재욱, 김귀찬, 오승수, 조경현
온라인 마케팅 | 김철영, 김도연, 최윤선, 변혜경
인터넷 관리 | 김상규
제 작 | 현대순
총 무 | 윤선미, 안서현, 지이슬
관 리 | 김훈희, 이국희, 김승훈, 최국호

발행처 | (주)동양북스
등 록 | 제2014-000055호
주 소 | 서울시 마포구 동교로22길 14 (04030)
구입 문의 | 전화 (02)337-1737 팩스 (02)334-6624
내용 문의 | 전화 (02)337-1739 이메일 dymg98@naver.com
네이버포스트 | post.naver.com/dymg98
인스타 | @shelter_dybook

ISBN 979-11-5768-836-4 03190